"语文素养"丛书

初读国学
CHUDUGUOXUE

(第三卷)

主　编　闫银夫　苏　轼

编著者　陈相元　郭瑞炜　洪　峻　肖学堂　汪后强　赵付民　苏　轼

山西出版传媒集团
山西人民出版社

图书在版编目（CIP）数据

初读国学. 第三卷 / 闫银夫, 苏轼主编; 陈相元等编著. —太原: 山西人民出版社, 2012.3（2014.4 重印）
（语文素养丛书）
ISBN 978-7-203-07603-2

Ⅰ. ①初… Ⅱ. ①闫… ②苏… ③陈… Ⅲ. ①中华文华—小学—课外读物 Ⅳ. ①G624.203

中国版本图书馆 CIP 数据核字(2012)第 021995 号

初读国学·第三卷

主　　编：闫银夫　苏　轼
责任编辑：冯　昭
装帧设计：谢　成
出 版 者：山西出版传媒集团·山西人民出版社
地　　址：太原市建设南路 21 号
邮　　编：030012
发行营销：0351-4922220　　4955996　　4956039
　　　　　0351-4922127　（传真）　4956038(邮购)
E-mail：sxskcb@163.com　发行部
　　　　sxskcb@126.com　总编室
网　　址：www.sxskcb.com
经 销 者：山西出版传媒集团·山西人民出版社
承 印 者：山西晋财印刷有限公司
开　　本：787mm×960mm　1/16
印　　张：11.5
字　　数：110 千字
印　　数：7701-10700 册
版　　次：2012 年 3 月　第 1 版
印　　次：2014 年 4 月　第 3 次印刷
书　　号：ISBN 978-7-203-07603-2
定　　价：26.00 元

如有印装质量问题请与本社联系调换

序 言

在故事中感知国学

闫银夫

我们所说的"国学",主要以先秦两汉时期的经典著作为根基,其中有人们熟识的《论语》《诗经》《左传》《庄子》《史记》等,也有人们相对陌生的《孝经》《管子》《礼记》等,这些著作是国学集大成者,代表着中华民族的文化精髓。在中华民族数千年的延续和前行的步履中,它们凝聚着"中国心",燃烧着"中国情",强化着"中国印",坚定着"中国根"。它们是中华民族统一的根基,不变的情怀。

让孩子们较早、较全面地接触这些国学经典,其直接目标是:一、在国学中走进中华历史;二、在国学中熟悉民族文化;三、在国学中传承祖国语言。达成此目标,胸怀中会涌动大我的视野与力量,血脉里会流淌大我的智慧与博爱,而且将贯穿孩子们的一生。

初读国学经典,由于古今表意存在差异,以及时代背景相隔久远,不可避免地会有阅读障碍。怎样化解这种障碍呢?

我们在进行市场调研时,第一时间便否定了"原文"加"译注"的图书模式,因为这种形态几乎是把原始文本静态地摆放在孩子们面前,虽可供字面上的浅阅读,却无法帮助孩子们独立地感知文本的内涵。

循着"感知"的思路,我们反复琢磨,深入讨论,群策群力,把突破点最终锁定在"故事"这个载体上。在我们的预期里,"故事"相当于一个强有力的抓手,它与国学经典构成联动模式,从而使阅读难度趋缓,趣味性增强,引领和挽扶孩子们,让他们或独立或在父母的伴读下,不同程度地走进国学经典,在阅读的同时有所感,有所得。

围绕"故事",我们分两步操作:首先,在国学著作中撷取了有积极意义、有阅读价值、有故事因子的近400个重要片段。其次,紧扣原著,配备其背景,编织其过程,丰满其情节,浅显地解读并传达原文的意思;对个别无法直接改编成故事的片段,采用移借的办法,通过相近的故事来辅助释义。这样,孩子们先在故事中了解情节,作了一定的铺垫后,再去对应地阅读原文,这样就获得了"猜读"的资本。"猜读"是国学入门阶段一种有效的学习方式。

书中的"道理"部分,是一处特别的设置。我们从文意中取其一点,提纯为有现代色彩的"道理",让国学经典在不露痕迹中对接现实生活,增添现代价值取向,从而拉近沟通的距离,消除因年代久远而产生的隔膜感。

时下,文化强国已然成为国策,我们应该意识到,领略国学魅力,提升文化素养,重塑孩子心灵,不仅是教育层面的命题,而且是社会范畴的命题。依托这个大背景,我们尝试着迈出一小步,推出了《初读国学》这套丛书。我们希望这项工作有一点点建设性。

2012年1月

目 录

一、爱国奉献
1. 吴起吮脓　　　　　　　　/ 002
2. 严刑治世　　　　　　　　/ 004
3. 明察秋毫　　　　　　　　/ 006
4. 梦见灶君　　　　　　　　/ 008
5. 以城换吏　　　　　　　　/ 010
6. 驻守细柳营　　　　　　　/ 012
7. 毛遂自荐　　　　　　　　/ 014
8. 后来居上　　　　　　　　/ 016
9. 颜涿聚死谏　　　　　　　/ 018
10. 齐桓公拜相　　　　　　 / 020
11. 尧帝遗嘱　　　　　　　 / 022
12. 桓公衣紫　　　　　　　 / 024
13. 解狐荐仇　　　　　　　 / 026

二、勤勉好学
1. 孔子学琴　　　　　　　　/ 030
2. 行者无疆　　　　　　　　/ 032
3. 望洋兴叹　　　　　　　　/ 034
4. 邯郸学步　　　　　　　　/ 036
5. 阳子居求学　　　　　　　/ 038
6. 见异思迁　　　　　　　　/ 040
7. 伯昏无人论弈　　　　　　/ 042
8. 张良拜师　　　　　　　　/ 044
9. 韦编三绝　　　　　　　　/ 046

三、诚信勇敢	1. 击鼓失信	/ 050
	2. 吴起守信	/ 052
	3. 诚者无敌	/ 054
	4. 涸辙之鲋	/ 056
	5. 视死如归	/ 058
	6. 妙计拔亭	/ 060
	7. 柯地之盟	/ 062

四、忠诚孝敬	1. 最高境界	/ 066
	2. 圣人尊之	/ 068
	3. 孝子鲁人	/ 070
	4. 子瑕探母	/ 072
	5. 三言成虎	/ 074
	6. 事必躬亲	/ 076
	7. 乱国救之	/ 078

五、聪明智慧	1. 鲁君察子	/ 082
	2. 买椟还珠	/ 084
	3. 鲁侯养鸟	/ 086
	4. "火眼"看树	/ 088
	5. 人尽其才	/ 090
	6. 崇尚和平	/ 092
	7. 尧帝治国	/ 094
	8. 贪念是祸	/ 096
	9. 晋文公论赏	/ 098
	10. 庄子钓鱼	/ 100

六、坚毅顽强	1. 拒绝王位	/ 104
	2. 以柔克刚	/ 106
	3. 搏牛之虻	/ 108
	4. 百年树人	/ 110
	5. 相濡以沫	/ 112

【目录】

    6. 不求圆满 / 114

七、宽厚仁爱
1. 与邻为友 / 118
2. 网开一面 / 120
3. 蛟龙得水 / 122
4. 取胜不逞强 / 124
5. 无视诋毁 / 126
6. 刎颈之交 / 128
7. 良禽择木而栖 / 130
8. 宁为泽雉 / 132

八、讽喻明理
1. 蝴蝶之死 / 136
2. 越俎代庖 / 138
3. 守株待兔 / 140
4. 郑人买鞋 / 142
5. 呆子信书 / 144
6. 取信于民 / 146
7. 茅塞不通 / 148
8. 宋人为叶 / 150
9. 取人以己,成事以质 / 152
10. 滥竽充数 / 154
11. 东施效颦 / 156

九、修身养性
1. 不翼而飞 / 160
2. 平公失言 / 162
3. 善良为本 / 164
4. 巧拙之准 / 166
5. 谦虚为人 / 168
6. 田子方颂师 / 170
7. 礼贤下士 / 172
8. 成由节俭败由奢 / 174

一、爱国奉献

AIGUOFENGXIAN
CHUDUGUOXUE

1. 吴起吮脓
2. 严刑治世
3. 明察秋毫
4. 梦见灶君
5. 以城换吏
6. 驻守细柳营
7. 毛遂自荐
8. 后来居上
9. 颜涿聚死谏
10. 齐桓公拜相
11. 尧帝遗嘱
12. 桓公衣紫
13. 解狐荐仇

1. 吴起吮脓

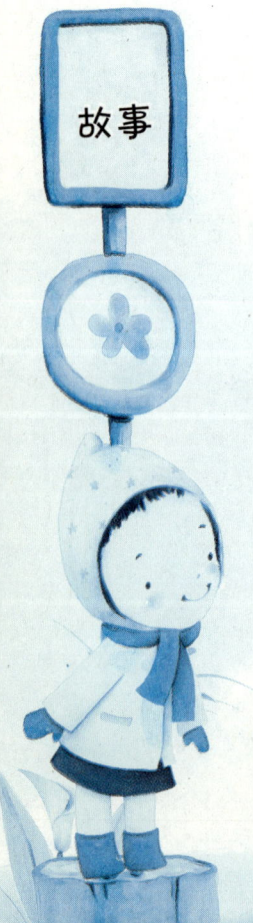

故事

吴起是战国时期著名的军事家,他出生在卫国左氏的一个富贵家庭。少年时吴起就有远大的抱负,到18岁时,已成为文武双全、胸藏百万甲兵的将才。"治世出贤臣,末世出小人,乱世出英雄",他非常喜好军事,天天舞枪弄棒,常常梦想着自己有一天能统率千军万马,驰骋(chíchěng)沙场,杀敌立功,去实现自己的远大志向。

后来,吴起来到了魏国。魏国的大夫向魏文侯推荐说:"吴起用兵,司马穰(ráng)苴(jū)都赶不上他。"于是,魏文侯用吴起为将,率兵攻打秦国,连拔五城,夺取了西河之地。

吴起在担任魏军统帅时,与士兵同甘共苦,深受下层士兵的拥戴。他与士兵们吃饭穿衣同一标准,睡觉不铺卧席,走路不乘车子,亲自捆扎和担负粮草,为士兵分担劳苦,行军时坚持与士兵一起步行。晚上宿营时,他的住处从不铲平,累了,只用树枝搭在上面,勉强遮蔽霜露就可以了。他这样做就是表示不把自己看得高人一等。

有一次,在攻打中山国时,一个士兵身上长了个脓疮(chuāng),作为全军统帅的吴起,竟然亲自用嘴为士兵吸吮脓血,全军上下无不感动。而这个士兵的母亲得知这个消息时却哭了,有人奇怪地问道:"你的儿子不过是个小小的士兵,将军亲自为他吸脓疮上的血,你为什么哭呢?你儿子能得到将军这样的厚爱,这是你家的福分哪!"这位母亲哭诉道:"将军是爱我儿子吗?他是鼓励我儿子为国冲锋陷阵啊!想当初吴老将军也曾为我孩子的父亲吸脓血,结果打仗时,他的父亲格外拼命,战死沙场;现在他又这样对待我的儿子,看来这孩子也要为国家视死如归了!"

由于吴起能与士兵同共甘苦,将士们也都乐于跟随他去拼死作战,这使得魏军内部官兵的关系融洽,上下团结,战斗力很强,加上吴起作战指挥有方,因而打了许多胜仗。

原文

吴起为魏将而攻中山。军人有病疽(jū)者,吴起跪而自吮(shǔn)其脓。伤者之母立而泣,人问曰:"将军于若子①如是,尚何为而泣?"对曰:"吴起吮其父之创而父死②,今是子③又将死也,吾是以泣。"

（《韩非子·外储说左上》）

注释

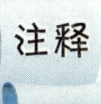

①若子:你的儿子。 ②死:奋战而死。
③是子:这孩子。

道理

治军之本在于治兵,治兵之略在于治心。赢得人心是决策者获胜的重要因素。

2. 严刑治世

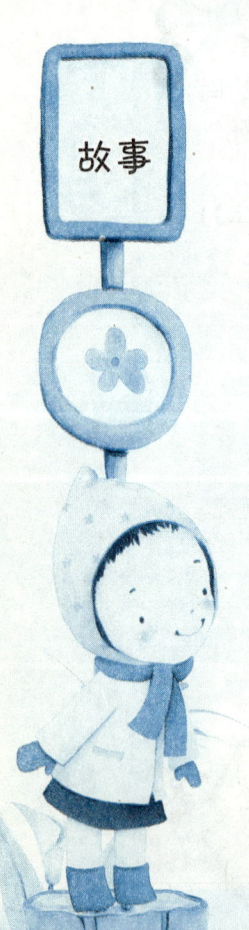

子产，春秋时期著名的政治家和思想家，公元前554年任郑国宰相，善于因材用人，主张保留学校，听取国人意见。

子产做了十几年宰相，操劳国事，体质差了，终于一病不起，临终前，副宰相游吉前来探望他。游吉望着被病痛折磨得骨瘦如柴的老相国，禁不住眼睛红了，他凝重地问道："大人还有什么要交代的吗？"子产握着游吉的手说："不要难过，人都有一死，我死后，你一定会被重用，你一定要严格治理人民。你应当知道这个道理：火的外表滚烫，所以很少有人被烫伤；水的外表柔弱，但是往往会淹死人。你要做滚烫的火，不能做柔弱的水，否则国家会有危险。"说完，子产就死了。

子产死后，游吉不听子产遗言，他一直认为老宰相在法律的运用上太过严厉。他不但不用严刑，而且还废除了原来子产做宰相时颁布的一些刑法。游吉的做法让那些无所事事、坐享天成的郑国青年非常高兴，他们再也不用躲躲藏藏了。这些青年人到处结伙斗殴，夜晚成群盗窃，白天在集市上横冲直撞，管治安的官吏因无法可依，也视而不见。一时间，郑国的社会风气极坏，老百姓天不黑就关门睡觉，一个人不敢出门。各地关于盗窃和打架的案子一天比一天多，公文都把案头堆满了，各地官吏要求严格治理的奏章成批上报，看来不组织一次严打是不行了。游吉选定时间亲自查看地形，在一个漆黑的夜晚让官兵将盗贼的巢穴团团围住，经过了一天一夜的奋战，终于捣毁了盗贼的巢穴。

回来后，游吉面对子产的坟墓连连拍打自己的头："如果早听从老相国的教导，就不会有今天的后果了。"

原文

子产相郑,病将死,谓游吉曰:"我死后,子必用郑,必以严莅(lì)①人。夫火形严,故人鲜(xiǎn)②灼;水形懦(nuò),人多溺(nì)。子必严子之形,无令溺子之懦。"故子产死。游吉不肯严刑,郑少年相率(shuài)③为盗,处于④灌泽,将遂以为郑祸。

(《韩非子·内储说上七术》)

爱国奉献

注释

①严莅:严法治理。②鲜:少。③相率:拉帮结伙。④处于:盘踞在。

道理

有法可依,执法必严,违法必究,三个方面缺一不可。

3. 明察秋毫

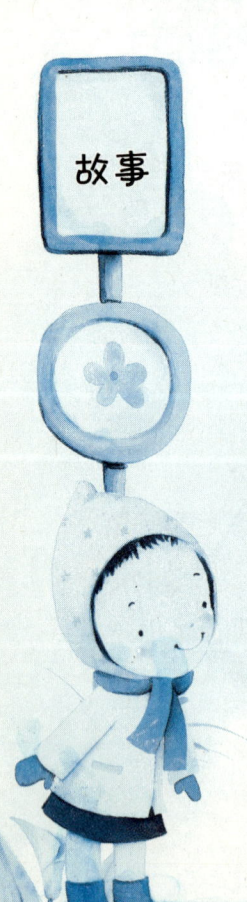

故事

李克是子夏的弟子,儒家学派的继承人。他为人谨慎,办事踏实公正。

魏文侯将要设置宰相,把李克叫来问道:"我将要设置宰相,季成子和翟黄两个人中,我用哪一个比较好?"李克说:"我听说,职位低的人不参与职位高的人的事,外面的人不参与里面人的事,疏远的人不参与亲近的人的事,我是一个与你关系又远、职位又低的人,最好不要听取我的意见。"文侯说:"这是国家大事,希望你不要推辞。"李克说:"君王调查一个人的过去就知道了。有地位的时候要看他推荐什么人,有钱的时候要看他施舍什么人,低贱的时候要看他不要什么,贫穷的时候要看他不做什么,这样你就可以知道用人的标准了。"魏文侯说:"谢谢你的提示,你可以走了,我的宰相人选决定了。"

李克治理中山国的时候,每年都要选个日子召集各地官员开会,各地官员都要如实地向李克汇报自己辖(xiá)区一年来的工农业生产情况,以便李克掌握全局,调整税收,做好预算。轮到苦陉县县令汇报的时候,李克只是认真地听,没有表态,而其他各县县令汇报的时候,李克都要插几句话,问问情况,或告诫几句,或表示勉励,然后微笑着让官员到驿(yì)馆休息。见此情景,手下人就问:"相爷为何对苦陉县县令的汇报一语不发?"李克说:"这个苦陉县县令的官位恐怕保不住了,因为他撒谎。我曾经亲自视察过苦陉县,对苦陉县的情况基本了解。苦陉县缺少山林、沼泽、河、湖这些有利的自然条件,但这位县令报上来的收入却很多,而且说什么都不缺,话说起来让人感觉动听,数字看起来悦目,其实是不合实际情况,我不喜欢听假话,不接受没有实际用途的东西。"

第二天,李克亲自起草文件,免了虚假浮夸的苦陉县县令的职务,另外委任了一位踏实能干的官员。

原文

李克治中山,苦陉(xíng)令上计而入多①。李克曰:"语言辨②,听之说(yuè)③,不度于义,谓之窕(tiǎo)言④。无山林泽谷之利⑤而入多者,谓之窕货⑥。君子不听窕言,不受窕货。之姑免⑦矣。"

(《韩非子·难二》)

注释

①上计而入多:上报的钱粮收入多。②辨:动听。③说:通"悦",高兴。④窕言:虚假不实的话。⑤山林泽谷之利:有利的自然资源。⑥窕货:来路不正的财物。⑦免:免职。

道理

为官者如果能实事求是,明察秋毫,赏罚分明,则百姓有福了。

4. 梦见灶君

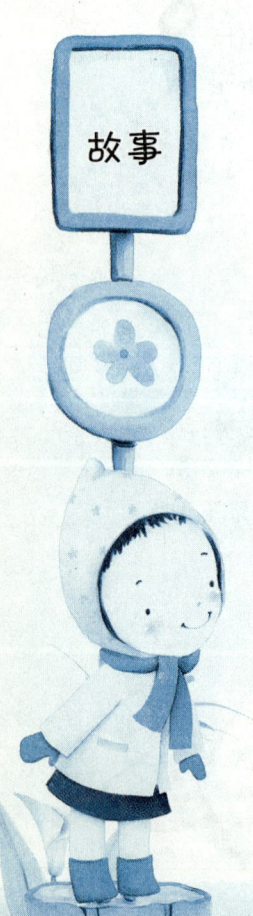

弥子瑕是卫国的一名美男子，因为长得漂亮，深受卫灵公宠幸。卫灵公不管吃饭睡觉，还是处理政务，都要弥子瑕陪伴，慢慢的，弥子瑕靠欺骗和甜言蜜语把持了卫国的大权，大臣有事都需要先向弥子瑕汇报，再由弥子瑕转告卫灵公。一时间，卫国君臣无法见面，急坏了那些爱国的大臣们。

一天，有一个侏儒要求拜见卫灵公，弥子瑕觉得这个小矮人作不了什么大怪，就带他去见了卫灵公。卫灵公见了小矮人挺感兴趣的，就问："小矮人，你有什么事吗？"侏儒磕了一个头说："小人昨晚做的一个梦应验了。"卫灵公本来是侧身而坐，听了侏儒的话很好奇，连忙转身问："什么梦？"侏儒说："我在梦里看见了灶头，那是要被主公您召见的预兆。"卫灵公听了，一拍桌子："胡言乱语，君王代表太阳，晋见主公应该梦见太阳，怎么却梦见灶头，分明是欺骗寡人。"侏儒不慌不忙地说："大王息怒，请听我解释。太阳普照天下，万物都接受它的滋润，谁也遮不住它的光芒。这就像君王统领全国，心系天下，任何人都蒙蔽不了您。大王知道灶头是用来烤火的，一个人烤火，遮住了灶门，后面的人就看不见火光了。我梦见灶头却晋见了君王，大概是有人蒙蔽了君王，而不是小人的过错。"

卫灵公听了若有所思地点点头。从那以后，他赶走了宠臣雍钼、弥子瑕，任用了忠诚正直的司空狗。

原文

卫灵之时,弥(Mí)子瑕(xiá)有宠于卫国。侏儒有见公者曰:"臣之梦浅(jiàn)①矣。"公曰:"奚梦?""梦见灶者,为见公也。"公怒曰:"吾闻人主者梦见日,奚为见寡人而梦见灶乎?"侏儒曰:"夫日兼照②天下,一物不能当也。人君兼照一国,一人不能壅(yōng)③也。故将见人主而梦日也。夫灶,一人炀(yáng)④焉,则后人无从见矣。或者一人炀君邪?则臣虽⑤梦灶,不亦可乎?"公曰:"善。"

（《韩非子·难四》）

注释

①梦浅:梦应验了。②兼照:普照。③壅:蒙蔽。④炀:对着灶门烤火。⑤虽:即使。

道理

提建议不但需要勇气,需要讲究方法,而且要有一颗为国为公的心。

5. 以城换吏

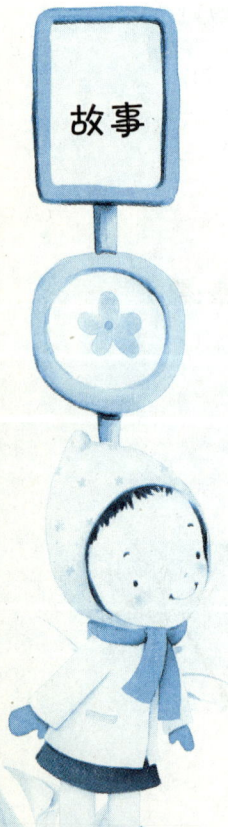

故事

卫嗣君在位的时候，有个服劳役的刑徒逃避追捕躲到了魏国。卫嗣君派了几班人马追捕寻找，都没有结果，后来才知道这个刑徒在魏国，而且还给魏王的太后治过病，受到魏王的厚待。

卫嗣君很是气愤，犯了罪想逃避惩罚也不能躲在别国呀，不管花多大代价也要把他抓住绳之以法。他先让人带了50两金子到魏国交涉买回这个刑徒，先后派了五次使者，魏王都说："他虽然是卫国的罪犯，但现在毕竟是在我国，他治好了太后的病，是我的恩人，我有权保护他的安全，请你回去禀告你家大王，看在我的面子上赦免了他吧。"使者回来把魏王的话一说，卫嗣君更气愤了。

卫嗣君召集群臣商讨对策，提议准备用左氏城来交换这个刑徒，大臣们都不理解，纷纷劝阻："他只是一个刑徒，再说罪行也不大，值得用一座城去交换吗？"卫嗣君坚决地说："你们不知道哇！法治无所谓大小，法治不能建立，该杀的人不能杀，该判刑的人不能判，即使有十个左氏城也没有用。既然制定了法律，执法就要严格，违法的人一定要得到惩罚，即使失去十座左氏城，让违法的人得到处罚也有价值。"

卫嗣君又派了一位能说会道的大臣去见魏王，魏王听使臣说了卫嗣君的交换条件后，感慨地说："卫嗣君想治理国家而我不听从他，就不吉祥。"随后，魏王叫人用车装着刑徒，无条件地把他送到了卫国。

原文

卫嗣(sì)君之时,有胥靡(xūmí)①逃之魏,因为襄王之后治病。卫嗣君闻之,使人请以五十金买之,五反②而魏王不予,乃以左氏③易之。群臣左右谏(jiàn)曰:"夫以一都买胥靡,可乎?"王曰:"非子之所知也。夫治无小而乱无大④。法不立而诛(zhū)不必⑤,虽有十左氏无益也;法立而诛必,虽失十左氏无害也。"魏王闻之曰:"主欲治而不听之,不祥。"因载而往,徒献之。

（《韩非子·内储说上七术》）

爱国奉献

注释

①胥靡:服劳役的刑徒。②五反:往返五次。③乃以左氏:就用左氏城。④治无小而乱无大:法治不在小,而动乱不在大。⑤法不立而诛不必:法令不能确立而处罚不能执行。

道理

有法必依,违法必究,决不能让违法者逍遥法外。

6. 驻守细柳营

故事

公元前158年,匈奴起兵六万,侵犯上郡(今陕西榆林东南)和云中(今内蒙古托克托东北),为了保卫长安,汉文帝派了三位将军带兵驻扎在长安附近:将军刘礼驻扎在霸上,徐厉驻扎在棘门,周亚夫驻扎在细柳。

有一次,汉文帝亲自到这些地方去慰劳军队。他先到霸上,刘礼和他的部下都纷纷骑着马来迎接。汉文帝的车驾闯进军营,没有受到任何阻拦。接着,他又来到棘门,受到的迎送仪式也是一样隆重。最后,汉文帝来到细柳。

周亚夫军营的前哨一见远远有一彪人马过来,立刻报告周亚夫。将士们披盔戴甲,弓上弦,刀出鞘,完全是准备战斗的样子。汉文帝的先遣队到达了营门,守营的岗哨立刻拦住,不让进去。先遣官员威严地喝了一声:"皇上马上驾到!"但守将毫不慌张地说:"军中只听将军的军令,不听天子的命令。"官员正要争辩,汉文帝的车驾到了,守营将士照样挡住。汉文帝只好命令侍从拿出皇帝的符节,派人给周亚夫传话说:"我要进营来慰劳军队。"周亚夫下命令打开营门,让汉文帝的车驾进来,并郑重地告诫道:"军中有规定:军营内不许车马奔驰。"汉文帝吩咐大家放松缰绳,缓缓地前进。

到了中营,周亚夫披戴着全身盔甲,拿着兵器,威风凛凛地对汉文帝作个揖,说:"臣盔甲在身,不能下拜,请允许按照军礼朝见。"汉文帝听了,大为震动,也扶着车前的横木欠了欠身,向周亚夫表示答礼。接着,又派人向全军将士传达他的慰问。

慰问结束后,汉文帝离开细柳,在回长安的路上,汉文帝对周亚夫赞不绝口:"这才是真正的将军啊!像周亚夫这样治军,敌人怎敢侵犯他!"

原文

文帝①之后六年②,匈奴大入边。乃以宗正③刘礼为将军,军霸上④;祝兹侯⑤徐厉为将军,军棘门⑥;以河内守亚夫为将军,军细柳⑦;以备胡。上自劳军。至霸上及棘门军,直驰入,将以下骑送迎。已而之细柳军,军士吏被⑧甲,锐兵刃,彀⑨弓弩,持满。天子先驱至,不得入。先驱曰:"天子且至!"军门都尉曰:"将军令曰:'军中闻将军令,不闻天子之诏。'"居无何,上至,又不得入。于是上乃使使持节诏将军:"吾欲入劳军。"亚夫乃传言开壁门。壁门士吏谓从属车骑曰:"将军约,军中不得驱驰。"于是天子乃按辔(pèi)徐行。至营,将军亚夫持兵揖曰:"介胄⑩之士不拜,请以军礼见。"天子为动,改容式车⑪。使人称谢:"皇帝敬劳将军。"成礼而去。

(《史记·绛侯周勃世家》)

注释

①文帝:汉高祖刘邦之子刘恒。②后六年:即后元六年(公元前158年)。③宗正:官名,负责皇族内部事务的长官。④霸上:古地名,在今陕西西安市东。⑤祝兹侯:封号。⑥棘门:古地名,在今陕西咸阳市东北。⑦细柳:古地名,在今陕西咸阳市西南。⑧被:通"披"。⑨彀(gòu):张满弓弩。⑩介胄:介,铁甲。胄,头盔。⑪式车:扶着车前的横木。

道理

治军严明,忠于职守,才能做到无人能敌,永远立于不败之地。

7. 毛遂自荐

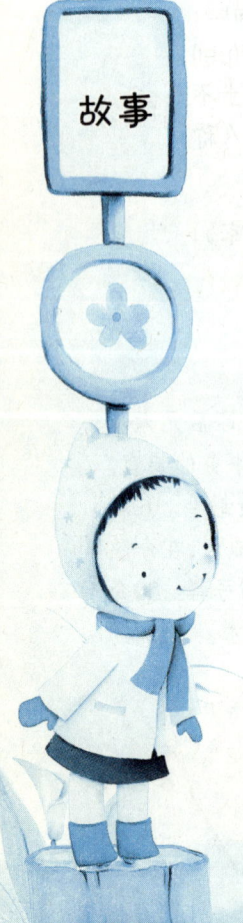

故事

战国时，秦国的军队团团包围了赵国的都城邯郸，形势十分危急，赵国国君孝成王派平原君到楚国去求援。平原君打算带领20名门客前去完成这项使命，已挑了19名，尚少一个定不下来。这时，毛遂自告奋勇提出要去，平原君带着他一起连夜前往楚国。

到了楚国，已是早晨。平原君立即拜见楚王，跟他商讨出兵救赵的事情。可是这次商谈很不顺利，从早上一直谈到了中午，还没有一丝进展。面对这种情况，随同前往的人在台下急得直跺脚、摇头、埋怨，唯有毛遂，眼看时间不等人，机会不可错过，他一手提剑，大踏步跨到台上，面对盛气凌人的楚王，慷慨陈词："我们今天来请你派援兵，你一言不发，可你别忘了，楚国虽然兵多地大，却连连吃败仗，连国都要丢掉了，依我看，楚国比赵国更需要联合起来抗秦呀！……"他从赵楚两国的关系谈到这次救援赵国的意义，对楚王晓之以理动之以情。他的凛然正气使楚王惊叹佩服，他对两国利害关系的分析深深打动了楚王，楚王终于被说服了，当天下午便与平原君缔结盟约。

回到赵国，平原君深感愧疚地说："我不敢再观察鉴别人才了，我观察士人多说上千人，少说也有几百人，自认为不会看错天下的士人，如今却对毛先生看错了。毛先生一到楚国，就让赵国比九鼎大吕还受尊重。他的三寸不烂之舌，真抵得过百万大军！可是以前我竟没发现他。若不是他挺身而出，我可要埋没一个人才呢！"

原文

平原君已定从①而归,归至于赵,曰:"胜不敢复相士②。胜相士多者千人,寡者百数,自以为不失天下之士,今乃于毛先生而失之也。毛先生一至楚,而使赵重于九鼎大吕③。毛先生以三寸之舌,强于百万之师。胜不敢复相士。"遂以为上客④。

(《史记·平原君虞卿列传》)

爱国奉献

注释

①定从:指与楚订下合纵御秦的盟约。②相士:观察、识别人才。③九鼎大吕:极贵重的宝物。九鼎,相传为禹所铸,象征九州,商、周把它作为传国之宝。大吕,周庙大钟。④上客:上等宾客。

道理

要善于把握机会,勇于自荐,展示自己的才能,实现自己的人生价值。

8. 后来居上

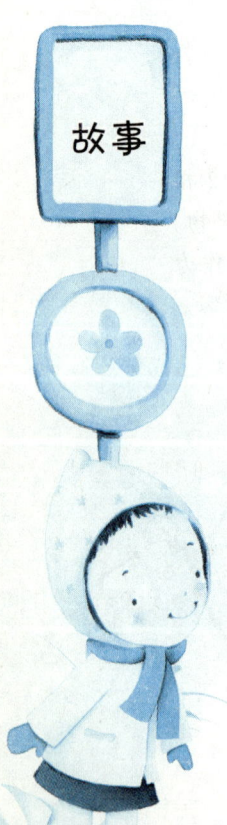

汲黯是西汉武帝时代的人，以刚直正义、敢讲真话而受人尊重。太耿直的人往往会给自己带来麻烦。汉武帝做了什么不对的事情，汲黯总是向汉武帝提出劝谏，让汉武帝很不高兴，于是就找理由把汲黯发配到东海去当太守了。

东海是个很荒僻的地方，但几年后，汲黯却把东海治理得井井有条，政绩卓著。朝中大臣都希望召回汲黯，汉武帝便又把汲黯调回了京城，并提拔他当主爵都尉——一种主管地方吏任免的官职。但汲黯禀性难移，还是不时地向汉武帝提出劝谏，汉武帝为此很是恼火。在汲黯当主爵都尉的时候，公孙弘、张汤都是不起眼的小官，但不久，公孙弘、张汤居然都先后得到了提拔，公孙弘当上了丞相，张汤做上了御史大夫，可汲黯还是原地踏步。有人就规劝汲黯，做人要圆滑一点，不要老是跟汉武帝过不去，但汲黯仍然我行我素。

当然，汲黯看到身边的这些人竟然一个个比自己官位还高，心里不平衡是难免的。一天，汉武帝问汲黯："你认为我是不是一个知人善任的君主呢？"汲黯很不客气地对汉武帝说："皇上用人，就好像在堆柴一样，把后拿来的柴都放在上面，从不计较哪一根柴比较好！"

汉武帝无奈地说道："一个人确实不可以没有学识，看汲黯这番话，他的耿直是越来越厉害了"。

原文

【爱国奉献】

始黯(àn)列九卿矣,而公孙弘、张汤为小吏。及弘、汤稍贵,与黯同位,黯又非毁弘、汤。已而弘至丞相封侯,汤御史大夫,黯时丞史皆与同列,或尊用过之①。黯褊(biǎn)心②,不能无少望③,见上,言曰:"陛下用群臣如积薪耳,后来者居上④。"黯罢⑤,上曰:"人果不可以无学,观汲黯之言,曰益甚矣。"

(《史记·汲郑列传》)

注释

①时丞史皆与同列,或尊用过之:汲黯往日为九卿时属下的丞史,如今都与他同列,甚至尊用超过他了。②褊心:心胸狭隘。③少望:稍有埋怨情绪。④后来居上:此处指用人不按资历。⑤罢:退去。

道理

能凭借本领而后来居上的人,是强者,要重用;但如果不做能力考核,随意让后来者"居上",那就没有章法了。

9. 颜涿聚死谏

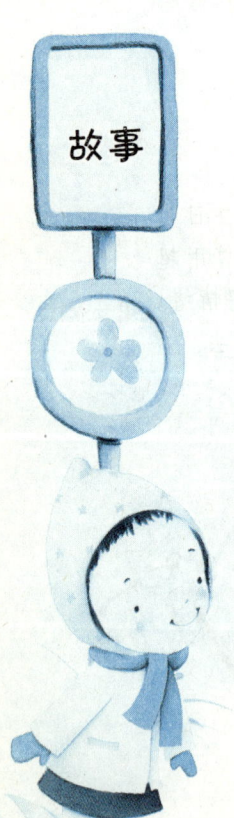

齐景公到渤海游玩，非常快活，玩了六个月还不回去，还对左右的官员说："哪一个说要回去，一定处死，绝不宽恕。"大臣们心里着急，但又怕进谏会招来杀身之祸。

只有颜涿聚把生死置之度外。他说："做臣子的如果不尽职尽忠，就上对不起君王，下对不起百姓。"他不顾侍卫阻拦，径直走进齐景公的行宫，礼也不行就气呼呼地说："大王来海上游玩得开心，六个月了还不回去，然而臣子中如果有图谋篡国的人该怎么办？您现在虽然快乐，日后怎能再这样呢？"齐景公说："我下令说谏议回去的人就处死。现在，你违犯了我的命令。"于是拿起戈来就要杀颜涿聚。颜涿聚走上前，站在那儿等着，说："过去夏桀杀了关龙逢，商纣王杀了王子比干，现在您即使杀死我，把我和关龙逢、比干凑成三个也是可以的。我劝您是为国家，不是为了我自己。"于是，他伸长脖子闭着眼说："您杀了我吧！"齐景公无奈地摇了摇头，放下戈，催促侍卫收拾东西驾车回去。

过了三天，就听说都城里有人图谋不让景公回城了。齐景公之所以能继续统治齐国，靠的是颜涿聚以死相谏啊！

原文

爱国奉献

昔者齐景公游于海而乐之。号令诸大夫曰:"言归者死。"颜涿(zhuó)聚曰:"君游海而乐之,奈臣有图国者①何?君虽乐之,将安得?"齐景公曰:"寡人布令曰:'言归者死。'今子犯寡人令。"援戈②将击之。颜涿聚曰:"昔者桀(Jié)杀关龙逢而纣(Zhòu)杀王子比干,今君虽杀臣之身,以三之可也③。臣言为国,非为身也。"延颈④而前曰:"君击之矣!"君乃释戈趣驾⑤而归。

(《韩非子·十过》)

注释

①奈臣有图国者:然而有大臣图谋造反。②援戈:拿起戈。③以三之可也:即将自己比做关龙逢和比干,死而无憾。④延颈:伸长脖子。⑤趣驾:催促驾车。

道理

对别人的意见和建议,要分清是非,不能因为自己的性格和地位,随意抹杀提建议者的好心和忠诚。

10. 齐桓公拜相

故事

管仲和鲍叔牙是好朋友,他们分别辅佐齐襄公的两个儿子。管仲做了太傅,辅大公子纠;鲍叔牙做了少傅,辅少公子小白。后来,小白惹怒了襄公,和鲍叔牙一起出奔莒国;管仲则在齐公无知篡夺了王位后,和纠一起投奔了鲁国。

那个无知也是倒霉,只当了一个月的侯爵就被襄公昔日手下的众臣砍了头,这下轮到襄公的两个儿子来争夺王位了。得知消息的公子纠和小白都连夜往齐国赶。鲁国发兵送公子纠回国,管仲带兵堵截住莒国到齐国的路,管仲一箭射中小白衣带上的玉钩,小白假装倒地而死迷惑管仲,管仲以为小白死了,派人回鲁国报捷,鲁国于是就慢慢送公子纠回国,过了六天才到,这时,小白已兼程赶回齐国,被立为国君,这就是历史上赫赫有名的齐桓公。

接下来,齐鲁两军干了一仗,结果齐军大胜,鲁侯衡量得失后,杀了公子纠,又把管仲押送齐国,好让齐桓公报一箭之仇。没想到鲍叔牙在齐桓公跟前力荐管仲,于是齐桓公召见管仲。齐桓公问:"你能说说治国的根本吗?"

管仲答道:"国有四维,缺了一维,国家就倾斜;缺了两维,国家就危险;缺了三维,国家就颠覆;缺了四维,国家就会灭亡。倾斜可以扶正,危险可以挽救,倾覆可以再起,只有灭亡了,那就不可收拾了。什么是四维呢?一是礼,二是义,三是廉,四是耻。有礼,人们就不会超越应守的规范;有义,就不会妄自求进;有廉,就不会掩饰过错;有耻,就不会趋从坏人。人们不越出应守的规范,为君者的地位就安定；不妄自求进，人们就不巧谋欺诈；不掩饰过错，行为就自然端正；不趋从坏人，邪乱的事情也就不会发生了。"

齐桓公深爱管仲的治国之才，拜他为相，统管齐国内政外交，官比鲍叔牙还大呢。

原文

国有四维，一维绝则倾，二维绝则危，三维绝则覆，四维绝则灭。倾可正也，危可安①也，覆可起也，灭不可复错②也。何谓四维？一曰礼，二曰义，三曰廉，四曰耻。礼不逾节③，义不自进，廉不蔽恶④，耻不从枉⑤。故不逾节，则上位安；不自进，则民无巧诈；不蔽恶，则行自全；不从枉，则邪事不生。

（《管子·牧民》）

注释

①安：挽救。②复错：收拾。③节：规范。④蔽恶：掩饰过错。⑤从枉：趋从坏人。

道理

当权者能够不计前嫌，任用真正的有识之士，体现的是成就大事业的胸怀和远见。

11. 尧帝遗嘱

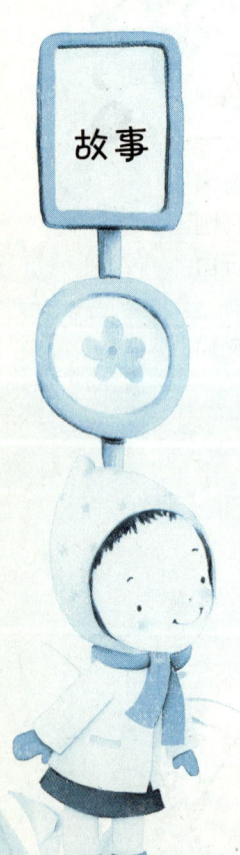

故事

尧帝发现了舜之后,准备把帝位禅(shàn)让给舜。临退位之前,他准备去教化狄人。狄人是北方一个未开化的野蛮部落,教化狄人使他们归顺天朝是尧帝多年的愿望。

舜说:"您都那么大年龄了,还出远门操劳国事,我不忍心那!"尧帝说:"教化狄人是我多年的梦想,即使死在半路又何妨?"舜为尧帝准备了精致的车子,配备了最忠实的随从及大量的生活用品,车子行了十天十夜才走到狄人的部落。狄人听说统治天下的王要和他们生活在一起,都欢呼雀跃。尧帝安顿下来之后,就遣散了随从,把生活用品全部发给当地人,和狄人一样劳作生活,利用闲暇教狄人礼节和文化,把天朝先进的技艺传授给他们。五年过去了,尧帝深深地爱上了淳朴善良的狄人,舜帝多次派人接他回去,他都婉言谢绝了。

有一天晚上,尧帝突然从梦中惊醒,感觉全身无力,他预感到自己不久将要离开人世,就对手下说:"昨晚我作了一个梦,梦见我浑身血水,被我征服了的妖魔鬼怪一起向我扑来,我估计要归天了。我接受天帝的委派到下界管理臣民,现在我要回天复命了。我死之后,把我葬在蛮山的北边,一切从简。人都是要死的,不要哭,死后我会化为泥土营养树木,永远保护我的臣民。"说完,尧帝就离开了人间,随从万分悲痛但却忍住了眼泪,他们按照尧帝的嘱咐,把他葬在蛮山的北边,用楮(chǔ)木做棺材,用葛藤捆绑封口,随葬衣服只放了三件。入土后下人才哭出声来,边哭边填平墓穴,不立碑,不建坟,不让人祭奠。

一代明君,死后节俭如此。

爱国奉献

原文

昔者尧北教乎八狄(dí),道死,葬蛩(Qióng)山之阴①,衣衾(qīn)三领,榖(gǔ)木之棺,葛以缄(jiān)之②,既窆(biǎn)③而后哭,满埳(bèng)无封④。

(《墨子·节葬(下)》)

注释

①蛩山之阴:即邛山的北面。②葛以缄之:用葛藤捆扎封口。③窆:下葬。④满埳无封:填平墓穴,不堆坟包。

道理

尧帝死后,不立碑,不建坟,一切从简,确实能感染活着的世人。

12. 桓公衣紫

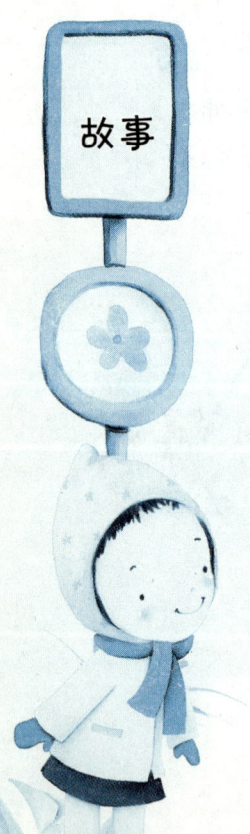

齐桓公特别喜欢穿紫衣服，就连他的帽子、鞋子也都是紫色的。上行下效，于是全国的人都跟着学，不但官员穿紫色衣服，平民百姓也争着穿紫色衣服；不但大人穿紫色衣服，小孩子也常常吵着父母给买紫色衣服。卖紫色布匹的店面生意火爆。

在那时，紫色衣服的价格昂贵，五匹素布还抵不上一匹紫布。长此以往，实在太奢侈了，齐桓公为此事担忧起来。于是他找来管仲，忧心忡忡地问："我喜欢穿紫衣服，可紫衣服特别贵，全国百姓都喜欢穿紫衣服，日甚一日，不能停止，这种风气真应该刹一刹。您看怎么办呢？"

管仲耸了耸肩膀，轻描淡写地说："这很简单啊，《诗》上说：'君主不以身作则，民众就不会相信。'您想要制止这种状况，为何不尝试着自己不去穿紫衣服呢？您就对近侍说：'我特别厌恶紫衣服的气味。'如果在这个时候近侍中恰巧有穿紫衣服进见的人，您一定要说：'稍微退后一点，我厌恶紫衣服的气味。'"

齐桓公说："好吧。"

齐桓公立即脱下自己身上的紫色衣服，换上其他颜色的衣服。穿戴整齐后，他才上朝。没料到，当天侍从官中就没有一个人穿紫衣服了，大臣们、宫女们也纷纷脱下紫色的服装。

第二天，齐桓公有意到大街上转了转，国都中居然也没有一个人穿紫衣服了；第三天，齐国境内再也看不到一个穿紫衣服的人了。

原文

齐桓公好服紫①,一国尽服紫。当是时也,五素不得②一紫,桓公患之,谓管仲曰:"寡人好服紫,紫贵甚,一国百姓好服紫不已,寡人奈何?"管仲曰:"君欲止之,何不试勿衣紫也,谓左右曰:'吾甚恶紫之臭③。'于是左右适有衣紫而进者,公必曰:'少却④,吾恶紫臭。'"公曰:"诺。"于是日郎中莫衣紫,其明日国中莫衣紫,三日境内莫衣紫也。

(《韩非子·外储说左上》)

爱国奉献

注释

①服紫:穿紫衣服。②得:抵得上。③臭:气味。④少却:稍微退后一点。

道理

领导者要严于律己,因为你的一举一动会产生广泛的社会影响。

13. 解狐荐仇

相传解狐是祁县东冀里人，为人正直廉洁。

祁黄羊从赵国相国的位置上退了下来，相国的位置一直空着，赵简王很着急，国不可一日无君，政事不可一日无相，到底谁适合当相国呢？赵简王让人传来将军解狐："解将军，国家没有相国已经好长时间了。寡人事多，身体又不太好，找你来是想让你推荐一位精明能干、忠诚可靠的人继任相国的位置，谁能胜任呢？"解狐思考了一会儿说："我推荐荆伯柳。"赵简王一听，大吃一惊："荆伯柳不是你的仇人吗？"解狐说："他是我的仇人，但原来是我的家臣，我很了解他，他办事公正细心，能吃苦，敢负责，能力不错。"

荆伯柳当了相国后，兢兢业业，将赵简王的领地治理得井井有条，赵简王非常高兴，就夸奖他："您真是一位好相国，解将军没有看错人那！"荆伯柳这才知道是解狐推荐了他，十分感激，决定亲自登门感谢。他挑选了一个晴朗的日子，带了许多礼品来到解狐家。进门之后，解狐见是荆伯柳，立即拿起弓箭向他射去，说道："我推荐你当相国，这是公事，我知道你能胜任这个位置。你我之间的仇恨，那是私事，我不会因为个人恩怨而使国家少了一个人才。"

听完这番话，荆伯柳对解狐作揖道："先生宽厚大量，不把私人恩怨带入公门，我一定竭尽自己所能为国事效劳。"

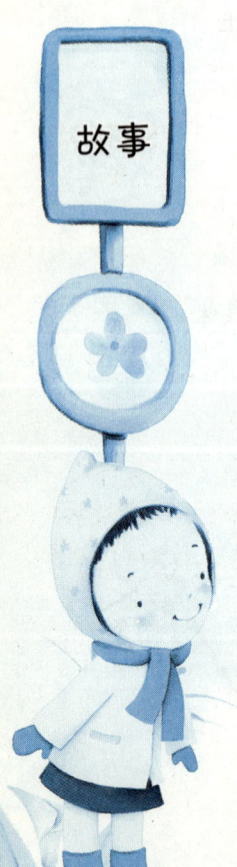

故事

原文

解狐荐其仇于简王以为相。其仇以为且幸释己①也,乃②因往拜谢。狐乃引弓迎而射之,曰:"夫荐汝,公也,以汝能当③之也。夫仇汝,吾私怨也,不以私怨汝之故拥④汝于吾君。"

（《韩非子·外储说左下》）

爱国奉献

注释

①释己:消除对自己的怨恨。②乃:于是。③当:担当,胜任。④拥:通"壅",这里是埋没之意。

道理

推荐有能力的仇人做官,需要宽广的胸怀和大公无私的高尚境界。

二、勤勉好学

QINMIANHAOXUE
CHUDUGUOXUE

1. 孔子学琴
2. 行者无疆
3. 望洋兴叹
4. 邯郸学步
5. 阳子居求学
6. 见异思迁
7. 伯昏无人论弈
8. 张良拜师
9. 韦编三绝

1. 孔子学琴

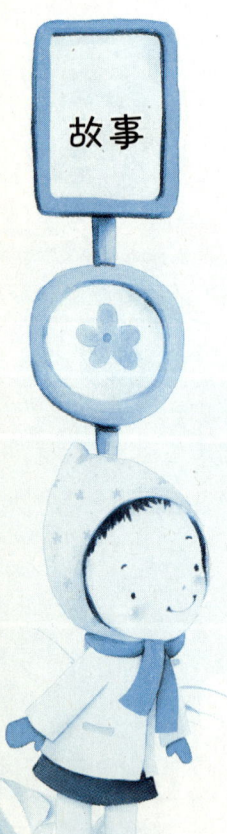

故事

孔子曾向一位名叫师襄子的著名琴师学习弹琴的技艺。

乐师师襄子教授给孔子一首曲调进行练习,孔子记住了曲谱以后,一连反复弹奏练习了十天,并没有要求再添加新的曲子进行学习。

师襄子感到奇怪,就说:"这一曲调你已经全部掌握了,可以学习新曲了。"孔子却说:"我虽然已经熟悉了这部乐曲,但是并没有熟练地掌握弹奏这一曲调的所有技法,还需要继续练习。"

又过了些时候,师襄子又对孔子说:"我听你弹的曲子,你已熟练掌握了弹奏这一曲调的所有技法,下一步可以学新曲子了。"然而,孔子又说:"我还没有领会乐曲中所表达的感情和意蕴,我需要继续在弹奏中深入地体会。"

又过了些天,师襄子再次问他:"这首曲子的意蕴,看来你已经完全领会了,你的琴声里面已经表达出了曲子的感情和意蕴。"孔子回答说:"我还没有将作曲者是怎样的一个人体会出来,我还需要继续练习。"师襄子觉得孔子讲得很有道理,也就不再催促了。

又过了些天,师襄子再次来到孔子跟前,却看到孔子正专心致志地沉浸于抚琴之中,面色肃穆沉静,好像在沉思着什么;接着又好像心旷神怡,显出了幽远深邃的表情。而后,孔子抚琴一按,开口高兴地对师襄子说:"我感受出作曲者是个什么样的人了。他的肤色黝黑,身材高大,有王者之相,目光明亮而深邃,好像一个统治四方的王者。这个人,除了周文王又会有谁能够如此呢?"

师襄子听了以后,赶快恭敬地离开座位,给孔子拜了两拜,说："我的老师教我这个曲子时就说过了，此曲的名字正是《文王操》呀！"

原文

孔子学鼓琴师襄(xiāng)子，十日不进①。师襄子曰："可以益②矣。"孔子曰："丘已习其曲矣，未得其数③也。"有间④，曰："已习其数，可以益矣。"孔子曰："丘未得其志⑤也。"有间，曰："已习其志，可以益矣。"孔子曰："丘未得其为人也。"有间，有所穆然深思焉，有所怡然高望而远志焉。曰："丘得其为人，黯然而黑，几⑥然而长，眼如望羊⑦，如王四国，非文王其谁能为此也！"师襄子辟⑧席再拜，曰："师盖云《文王操》也。"

（《史记·孔子世家》）

勤勉好学

注释

①进：前进，这里指不再学习新的曲子。②益：增加，此意同"进"。③数：技术，方法。④有间：过了一段时间。⑤志：志趣，意旨。⑥几：通"颀"，颀长。⑦望羊：亦作"望洋"，远视的样子。⑧辟席：即避席。古人席地而坐，离座而起，表示敬意。辟，通"避"。

道理

艺术的大道上，会遇到许多困难，只有勤奋好学的人才能跨越，才能取得成功。

2. 行者无疆

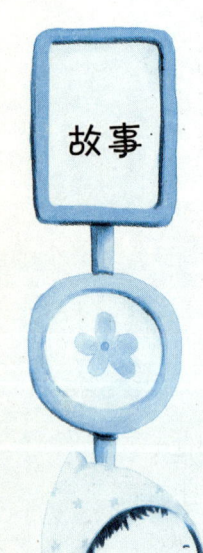

故事

从前，鲁国有个名叫叔山无趾的人，早年因触犯法律被砍去了脚趾。但他知错必纠，痛改前非，终于成了一位远近闻名的大学者。

有一天，叔山无趾去拜见孔子。他拄着拐杖，靠着脚后跟走路，一跛一颠地走了很久很久。

孔子见了他，没有请他进门的意思，双方僵持在大门口。孔子对他说："你太不谨慎了，早先犯了过错才留下如此的后果。虽然今天你来到了我这里，可是怎么能够追回以往呢！"

叔山无趾没有任何羞愧的表情，他不卑不亢地说："我只因不懂事理，做事草率，所以才失掉了脚趾。如今我来到你这里，还保有比双脚更为可贵的道德修养，所以我想竭力保全它。苍天没有什么不覆盖，大地没有什么不托载，我把先生看做天地，哪知先生竟是这样的人！"说完，愤怒地转身要走。

孔子听罢，十分惭愧，连忙道歉说："我孔丘实在浅薄啊。先生赶快进来吧，请把你所知晓的道理讲一讲。"说完将叔山无趾请进客厅。

孔子与叔山无趾聊了起来，发现他的确是个了不起的人，越发感觉刚才自己的浅薄了。

天色已晚，叔山无趾与孔子告别。孔子指着叔山无趾的背影，意味深长地对他的弟子说："你们要努力啊！叔山无趾是一个被砍掉脚趾的人，他还努力学习来补救先前做过的错事，何况道德品行乃至身形体态都没有什么缺欠的人呢！"

原文

鲁有兀者①叔山无趾,踵(zhǒng)②见仲尼。仲尼曰:"子不谨,前既犯患若是矣。虽今来,何及③矣!"无趾曰:"吾唯不知务④而轻用吾身,吾是以亡足。今吾来也,犹有尊足者⑤存,吾是以务⑥全之也。夫天无⑦不覆,地无不载,吾以夫子为天地,安知夫子之犹若是也!"孔子曰:"丘则陋⑧矣。夫子胡不入乎,请讲以所闻!"无趾出。孔子曰:"弟子勉之!夫无趾,兀者也,犹务学以复补前行之恶,而况全德⑨之人乎!"

(《庄子·德充符》)

勤勉好学

注释

①兀者:断了一只脚的人。②踵:脚后跟,这里指用脚后跟走路。叔山无趾被刑断脚趾,所以只能用脚后跟来走路。③何及:怎么赶得上。言外之意为怎么能够补救。④不知务:不通晓事理。⑤尊足者:意思是比脚更尊贵的东西,这里指道德修养。⑥务:务求,努力做到。⑦无:没有什么。⑧陋:浅薄。⑨全德:保全了道德修养。一说"全德"即全体,指形体没有残缺。从上下文意看,指"全体"更合理些。

道理

犯了错误并不可怕,可怕的是知错不改。能够改正错误的人,仍然值得我们尊敬。

3. 望洋兴叹

故事

相传很久以前,黄河里有一位河神,人们叫他河伯。一天,河伯站在黄河岸上,望着滚滚的浪涛由西而来,又奔腾跳跃向东流去,兴奋地说:"黄河真大呀,世上没有哪条河能和它相比。我就是最大的水神啊!"

有人告诉他:"你说的话不对,在黄河的东面有个地方叫北海,那才真叫大呢。"

河伯说:"我不信,北海再大,能大得过黄河吗?"

那人说:"别说一条黄河,就是几条黄河的水流进北海,也装不满它。"

河伯固执地说:"我没见过北海,我不信。"

那人无可奈何,告诉他:"有机会你去看看北海,就明白我的话了。"

秋天到了,连日的暴雨使大大小小的河流都注入黄河,黄河的河面更加宽阔了,隔河望去,对岸的牛马都分不清。这下,河伯更得意了,以为天下最壮观的景色都在自己这里。在自得之余,河伯想起了有人跟他提起的北海,于是决定去那里看看。

河伯顺流来到黄河的入海口,突然眼前一亮,海神若正笑容满面地欢迎他的到来。河伯放眼望去,只见北海汪洋一片,无边无涯。他呆呆地看了一会儿,深有感触地对北海若说:"俗话说,只懂得一些道理就以为谁都比不上自己,这话说的就是我呀。今天要不是我亲眼见到这浩瀚无边的北海,我还会以为黄河是天下无比的呢!那样,岂不被有见识的人永远笑话了吗?"

【勤勉好学】

原文

秋水时至,百川灌河;泾(jīng)流之大,两涘(sì)渚(zhǔ)崖之间不辩牛马①。于是焉河伯欣然自喜,以天下之美为尽在己。顺流而东行,至于北海,东面而视,不见水端。于是焉河伯始旋②其面目,望洋向若而叹曰:"野语③有之曰:'闻道百④,以为莫己若者',我之谓也。且夫我尝闻少仲尼之闻而轻伯夷之义者,始吾弗信;今我睹子之难穷也,吾非至于子之门,则殆矣,吾长见笑于大方之家。"

(《庄子·秋水》)

注释

①两涘渚崖之间不辩牛马:两涘:河两岸。渚:水中的沙洲。不辩牛马:形容水面辽阔,无法辨认对岸远处的牛与马。②旋:改变。③野语:俗语。④闻道百:形容多数。

道理

学海无涯,千万不要一知半解便沾沾自喜。

4. 邯郸学步

故事

两千多年前,燕国的寿陵有一位少年,不知道姓啥叫啥,就叫他寿陵少年吧!

这位寿陵少年不愁吃不愁穿,论长相也算得上中等人才,可他就是缺乏自信心,经常无缘无故地感到事事不如人,低人一等——衣服是人家的好,饭菜是人家的香,站相坐相也是人家高雅。他见什么学什么,学一样丢一样,虽然花样翻新,却始终不能做好一件事,不知道自己该是什么模样。

家里的人劝他改一改这个毛病,他以为是家里人管得太多。亲戚、邻居们说他是狗熊掰(bāi)棒子,他也根本听不进去。日久天长,他竟怀疑自己该不该像现在这样走路,越看越觉得自己走路的姿势太笨、太丑了。

有一天,他在路上碰到几个人说说笑笑,只听有人说:"邯郸人走路的姿势那叫美。"他一听,急忙走上前去,想打听个明白。不料想,那几个人看见他,一阵大笑之后扬长而去。

邯郸人走路的姿势究竟怎样美呢?他怎么也想象不出来,这成了他的心病。终于有一天,他瞒着家人,跑到遥远的邯郸学走路去了。

一到邯郸,他感到处处新鲜,简直令人眼花缭乱。看到小孩走路,他觉得活泼,立马学;看见老人走路,他觉得稳重,立马学;看到妇女走路,摇摆多姿,也马上学。就这样,不过半月光景,他连走路也不会了。可是,路费花光了,没办法,他只好爬着回去了。

勤勉好学

原文

"且子①独不闻夫寿陵余子之学行于邯郸(Hándān)与②？未得国能③，又失其故行④矣，直匍匐(pú fú)⑤而归耳。"

（《庄子·秋水》）

注释

①子：您，对对方的尊称。②与：通"欤"，相当句末语气词"吗"。③未得国能：没有学会赵国人走路的样子。④故行：指从前的步法。⑤匍匐：爬行。

道理

生搬硬套，机械地模仿别人，不但学不到别人的长处，反而会把自己原有的优点和本领也丢掉。

5. 阳子居求学

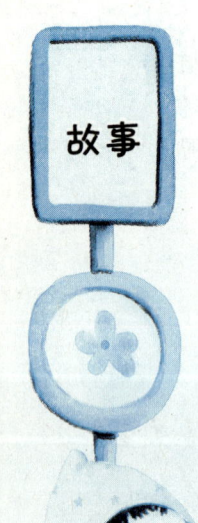

阳子居往南到沛地去，正巧老子到西边的秦地闲游。阳子居估计将在沛地的郊野遇上老子，可是到了梁城方才见上面。

老子在半路上仰天长叹说："当初我把你看成是可以教诲的人，如今看来你是不可受教的。"阳子居不解，但一句话也没说。

住进旅店后，阳子居立即为老子送上各种盥洗用具。等一切妥当后，阳子居把鞋子脱在门外，双腿跪着上前对老子说道："刚才弟子正想请教先生，可赶上先生旅途中没有空闲，所以不敢贸然启齿。如今先生闲暇下来，恳请先生指出我的过错。"

老子问："你知道自己错在哪里吗？"

阳子居摇了摇头。

老子说："你仰头张目、傲慢跋扈(báhù)，你还能够跟谁相处？"

阳子居听罢，羞愧地低下了头。

老子说："即使特别洁白的东西也会有点什么污垢，即使德行再高尚的人也会有点什么不足，何况你呢？"

阳子居听了脸色大变，羞惭不安地说："弟子由衷地接受先生的教导。"

阳子居听了老子的话后，放下架子，主动与周边的人打成一片。不久，身边的人也逐渐能与阳子居交流了。

阳子居刚来旅店的时候，店里的客人都得迎来送往，旅店的男主人亲自为他安排坐席，女主人亲手拿着毛巾、梳子侍候他盥洗，旅客们见了他都得让出座位，烤火取暖的人见了也都远离火边。等到阳子居离开旅店的时候，旅店的客人已经跟他无拘无束地争席而坐了。

原文

阳子居南之沛,老聃(dān)①西游于秦,邀于郊,至于梁而遇老子。老子中道仰天而叹曰:"始以汝为可教,今不可也。"阳子居不答。至舍,进盥(guàn)漱巾栉(zhì)②,脱屦户外,膝行而前曰:"向者弟子欲请夫子,夫子行不闲,是以不敢。今闲矣,请问其过。"老子曰:"而睢睢盱盱(huīhuīxūxū)③,而谁与居?大白若辱④,盛德若不足。"阳子居蹵(cù)然变容曰:"敬闻命矣!"其往也⑤,舍者迎将,其家公执席,妻执巾栉⑥,舍者避席,炀⑦者避灶。其反⑧也,舍者与之争席矣。

(《庄子·寓言》)

勤勉好学

注释

①老聃:即老子。②盥漱巾栉:洗脸、漱口、毛巾、梳子。③睢睢盱盱:傲慢的神态。④辱:污垢。⑤其往也:当阳子居刚来旅店的时候。⑥妻执巾栉:妻,旅店女主人。执巾栉,亲手拿着毛巾、梳子待候洗漱。⑦炀:烘烤,取暖。⑧反:同"返"。

道理

在生活中要平易近人,少一点傲慢,多一点随和。

6. 见异思迁

故事

齐桓公想学射箭，可学了五天后，觉得毫无长进，就放弃了，改学下棋。可学了一个多月，他连自己的老婆都下不过，齐桓公苦恼极了，心想：难道是我天生愚笨吗？

正当他闷闷不乐的时候，管仲求见。齐桓公应允，管仲快步迈入齐桓公的书房。

齐桓公见了管仲，忙问他何事求见。管仲说："臣闻大王连日来郁闷不乐，为什么呢？是美食不够吃吗？是美衣不够穿吗？是美女不够使唤吗？还是疆土不够辽阔呢？"

齐桓公说："都不是。"

管仲又问："那是为什么？"

齐桓公便将最近学什么都难学会的烦恼说给他听。

管仲呵呵一笑，捋(lǔ)了捋胡须说："今天的农民群居在一起，仔细审察四时，根据节气的变化而准备各种农具器械，搭配大犁、小耙(pá)。到冬天，他们清除田里枯槁的草，修整地块，等待来年耕种。到了春耕时节，他们深耕土地，均匀播种，快速改土。在春雨降下前，先间苗除草，等待及时雨的降临。春雨来了，他们带着锄头、镰刀等农具，从早到晚在田野里干活，分别幼苗和莠草，合理密植。他们头戴苎麻、蒲草做的斗笠，身穿蓑衣，身上、腿上沾满了泥浆，体肤暴露，竭尽体力，抓紧时机完成农活。农家子弟从小就这么学着干，他们的心就很安定，不会见异思迁。因为这样的缘故，父兄的教育不需要很郑重其事就完成了，子弟的学习不需要很吃力就熟练了。"

齐桓公听完，恍然醒悟。他紧皱的眉头舒展开了，问管仲："先生说的就是专心致志吧？我明白了。"

原文

"今夫农群萃(cuì)①而州处,审其四时,权②节具,备其械器用,比③耒耜(lěisì)④谷茨(jī),及寒,击槁(gǎo)除田,以待时。乃耕,深耕均种疾耰(yōu)⑤,先雨芸耨(nòu)⑥,以待时雨。时雨既至,挟其枪刈(yì)耨镈(bó),以旦暮从事于田野,税衣就功,别苗莠,列疏遫(sù)。首戴苎(zhù)蒲,身服袯襫(bòshì)⑦,沾体涂足,暴其发肤,尽其四支之力,以疾从事于田野。少而习焉,其心安焉,不见异物而迁焉。是故其父兄之教不肃⑧而成,其子弟之学不劳而能。"

（《管子·小匡》）

勤勉好学

注释

①萃：聚集。②权：根据。③比：搭配。④耒耜：古代一种像犁的农具。⑤耰：古代的一种农具，这里是指播种后用耰翻土、盖土的意思。⑥耨：古代锄草的工具，这里指用耨锄草的意思。⑦袯襫：指古代农夫穿的蓑衣之类。⑧肃：郑重其事。

道理

轻易地改变原来的主意，做事不坚定，喜爱不专一，这是不可取的。

7. 伯昏无人论弈

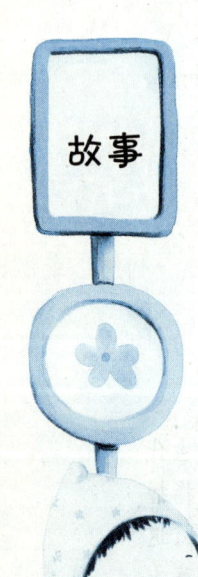

故事

列御寇射术高超,许多人都争着拜他为师。

这一天,有个名叫伯昏无人的人到列御寇家谈论射术。他们一道来到操场上,列御寇开始为伯昏无人表演射箭的本领。

为了显示一下射术,列御寇拉满弓弦后,又吩咐仆人拿来一杯水,并将水杯放置在手肘上,旁边的人都惊呆了。就听"嗖"的一声,他的第一支箭发出了。箭还未至靶的,他紧接着又搭上了一支箭。刚射出第二支箭后,另一支又搭上了弓弦。射箭的时候,列御寇全神贯注,他的神情真像是一动也不动的木偶似的。

伯昏无人看后却一脸无所谓地说:"这只是有心射箭的箭法,还不是无心射箭的射法。"

列御寇不解地问:"此话怎讲?"

伯昏无人笑着说:"我想跟你登上高山,脚踏危石,面对百丈的深渊,那时你还能射箭吗?"

列御寇想了解个究竟,于是他们向附近的一座山上走去。

登上山顶,伯昏无人脚踏危石,身临百丈深渊,然后再背转身来慢慢往悬崖退步,直到部分脚掌悬空,这才拱手恭请列御寇跟上来射箭。列御寇伏在地上,吓得汗水直流到脚后跟。

伯昏无人说:"一个修养高尚的'至人',上能观测青天,下能潜入黄泉,精神自由奔放达于宇宙八方,神情始终不会改变。如今你胆战心惊,有了恐惧的念头,你要射中靶的不就很困难了吗?"

列御寇惭愧地低下了头,从此再也不敢自夸于人了。

原文

勤勉好学

列御寇为伯昏无人射，引矢盈贯①，措杯水其肘上，发之，适矢复沓(tà)②，方矢复寓③。当是时，犹象人也。伯昏无人曰："是射之射，非不射之射也。尝与汝登高山，履危石，临百仞之渊，若能射乎？"

于是无人遂登高山，履危石，临百仞之渊，背逡(qūn)巡④，足二分垂在外，揖御寇而进之。御寇伏地，汗流至踵。伯昏无人曰："夫至人者，上窥(kuī)青天，下潜黄泉，挥斥八极⑤，神气不变。今汝怵(chù)然有恂(xùn)目之志⑥，尔于中⑦也殆⑧矣夫！"

（《庄子·田子方》）

注释

①引之盈贯：引之，拉弓弦。盈贯，弓拉满，箭头已靠近弓背。②适矢复沓：指箭射出后，又有第二支搭于弦上。适，往。沓，合。③方矢复寓：刚刚发射一支箭，又有一支寄于弦上。指一支接一支，连续发射。寓，寄。④逡巡：却退。⑤挥斥八极：挥斥，纵放自如。八极，八方。⑥怵然有恂目之志：怵然，惊惧的样子。恂目，心惊目眩。志，意。⑦中：心，即精神。⑧殆：疲困。

道理

有高明的技术，若瞻前顾后，患得患失，就会一事无成。

8. 张良拜师

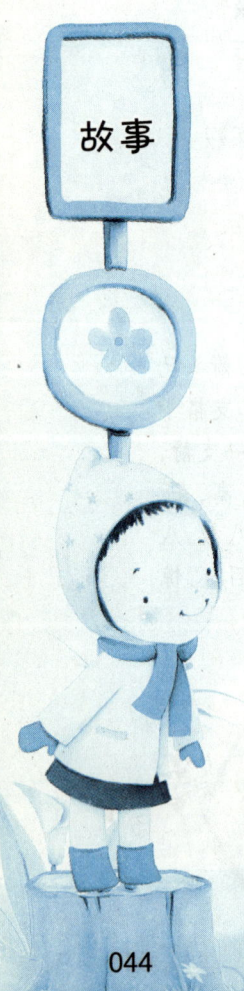

故事

张良是汉高祖刘邦的军师,他的祖先是韩国人。在秦始皇灭了韩国之后,张良立志为韩国报仇。有一次,因刺杀秦始皇未遂,受到追捕而避居到下邳。

张良在下邳闲暇无事。有一天,他到下邳桥上散步,只见一个老人穿着粗布短衣走到张良旁边,故意把他的鞋子掉到桥下,然后回过头来冲着张良说:"孩子,下桥去给我把鞋子捡上来!"张良听了一愣,很想不去理他,但一看他是个老人,就强忍着怒气,到桥下把鞋捡了上来。那老人竟又命令说:"把鞋子给我穿上!"张良一想,既然已经给他捡来了鞋子,不如就给他穿上吧,于是就跪在地上给他穿鞋。那老人把脚伸着,让张良给他穿好鞋后,就笑嘻嘻地走了。张良一直用惊奇的目光注视着他的去向。那老人走了一里左右的路,又折回身来,对张良说:"你这个孩子是能培养成才的。五天以后的早上,天一亮,就到这里来同我会面!"张良跪下来说:"是。"第五天天刚亮,张良到了下邳桥上,不料那老人已经等在那里了,见了张良就生气地说:"和老人约会,怎么迟到了?过五天早上再来相会!"说完就离去了。到第五天早上,鸡一叫,张良就赶去,可是老人又等在那里了,见了张良又生气地说:"怎么又落在我后面了?过五天再早点来!"说完又走了。到第五天,张良不到半夜就赶到桥上,等了好久,那老人也来了,他高兴地说:"这样才好。"然后老人拿出一本书来,指着说道:"认真研读这本书,就能做帝王的老师了!过十年,天下形势有变,你就会发迹了。以后13年,你就会在济北郡谷城山下看到我——那儿有块黄石就是我了。"老人说完就走了。

13年后,他随从刘邦经过济北时,果然在谷城山下看见有块黄石,便把它取回,称之为"黄石公",作为珍宝供奉起来,按时祭祀。

原文

勤勉好学

良尝闲,从容步游下邳(pī)①圯(yí)②上,有一老父,衣褐③,至良所,直④堕其履圯下,顾谓良曰:"孺子!下取履!"良愕然,欲殴之。为其老,强忍,下取履。父曰:"履我⑤!"良业为取履,因长跪履之。父以足受,笑而去。良殊大惊,随目之。父去里所⑥,复还,曰:"孺子可教矣!后五日平明,与我会此。"良因怪之,跪曰:"诺。"

五日平明,良往。父已先在,怒曰:"与老人期,后,何也?"去,曰:"后五日早会。"五日鸡鸣,良往。父又先在,复怒曰:"后,何也?"去,曰:"后五日复早来。"五日,良夜未半往。有顷⑦,父亦来,喜曰:"当如是。"出一编书⑧,曰:"读此则为王者师矣。后十年兴,十三年孺子见我济北,穀(gǔ)城下黄石即我矣。"遂去,无他言。不复见。

(《史记·留侯世家》)

注释

①下邳:地名,在江苏省邳县南。②圯:桥。③衣褐:穿着麻布短衣。衣:穿。④直:故意,特意。⑤履我:把鞋给我穿上。⑥里所:一里左右。所:相当于"许"。⑦有顷:不大一会儿。⑧一编书:一册书,一部书。

道理

有求知的热情,有勤学的态度,必然会为自己赢得更多成功的机会。

9. 韦编三绝

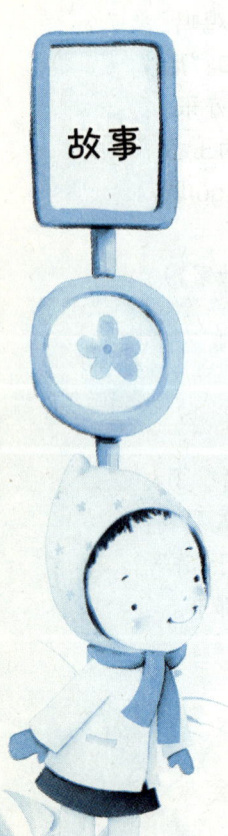

故事

春秋时的书,主要是以竹子为材料,把竹子破成一根根竹签,用火烘干后在上面写字,称为"竹简"。竹简有一定的长度和宽度,一根竹简只能写一行字,字数多则几十个,少则八九个。一部书要用许多竹简,这些竹简必须用牢固的绳子之类的东西编连起来才能阅读。

孔子从小就养成了勤奋好学的习惯,随着多年的游学奔波,他的习惯并没有改变,学习反而愈加勤奋。孔子晚年喜欢钻研《易经》,他详细解释了《彖》《系》《象》《说卦》《文言》等。孔子读《易经》时,花了很大的精力,把《易经》全部读了一遍,基本上了解了它的内容。不久他又读第二遍,掌握了它的基本要点。接着,他又读第三遍,对其中的精神、实质有了透彻的理解。在这以后,为了深入研究这部书,也为了给弟子讲解,他不知翻阅了多少遍。这样读来读去,串连竹简的牛皮带子被磨断了好几次,不得不多次换上新的再使用。

即使读书到了这样的程度,孔子还谦虚地说:"假如让我多活几年,我就可以完全掌握《易经》的文辞与义理了。"

原文

孔子晚而喜《易》，序《彖》、《系》、《象》、《说卦》、《文言》①。读《易》，韦编三绝②，曰："假我数年，若是，我于《易》则彬彬③矣。"

（《史记·孔子世家》）

勤勉好学

注释

①《彖》、《系》、《象》、《说卦》、《文言》：《彖》等都是后人对《易经》的解说，相传为孔子所作。②韦编三绝：指孔子读《易经》非常用功，韦编断了三次。韦，熟牛皮。编，竹简用皮绳穿起成为编。绝，断。③彬彬：文质兼备，兼通文辞和义理。

道理

勤奋读书，刻苦治学，是通向成功彼岸的必经之路。

三、诚信勇敢

CHENGXINYONGGAN
CHUDUGUOXUE

1、击鼓失信

2、吴起守信

3、诚者无敌

4、涸辙之鲋

5、视死如归

6、妙计拔亭

7、柯地之盟

1. 击鼓失信

楚厉王即位多年来,一直很讲诚信,体恤(xù)百姓疾苦,亲政廉政,深受百姓拥戴。

为了保卫国都,他和百姓约定,如果遇到了敌情,就以击鼓为号,鼓声一响,百姓就会前来守城。多年来楚厉王和百姓之间相互信任,遵守着这个保护自己家园平安的约定。

一天,楚厉王喝醉了酒,一时性起,拿起鼓槌就准备敲鼓,手下慌忙阻止,可是楚厉王喝多了,根本不听劝阻,百官吓得一起跪在地上请求厉王不要敲鼓,厉王还是猛烈地敲起鼓来,大臣们想拦已经来不及了。鼓声震耳,传出宫门,百姓们听到了鼓声,连忙停下手中的活儿,到家中拿来武器,按照约定的路线四面八方向国都跑来。等楚厉王意识到事情不妙,想派人阻止时,老百姓已齐聚在了国都广场上。

楚厉王一看事情变得不好收场,吓出了一身冷汗,只好亲自道歉:"刚才的鼓声是我喝醉了酒敲着玩的,有劳大家了,请回去吧!"百姓们一听都议论纷纷,失望地回去了。

过了几个月,敌人真的来入侵了,楚厉王赶紧让人击鼓报警,但百姓以为这是厉王又在和大家开玩笑,就各做各的事,没有一个人来守城。幸好敌人这次只是派小股部队来投石问路,楚厉王派出宫廷警卫队出城迎击,很快打退了敌人。

从那以后,楚厉王让人更改了原来的命令,重新申明了报警的信号,并发布告示表明自己的错误,请求老百姓的原谅,这才重新取得了老百姓的信任。

原文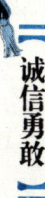

楚厉王有警,为鼓①以与百姓为戍(shù)②。饮酒醉,过③而击之也,民大惊。使人止,曰:"吾醉而与左右戏,过击之也。"民皆罢④。

《韩非子·外储说左上》

诚信勇敢

注释

①为鼓:设置警鼓。②戍:防守。③过:误。④罢:回去。

道理

酒是祸之源。少喝酒,时刻保持清醒状态,防止酒后失态,乱说乱做。

2. 吴起守信

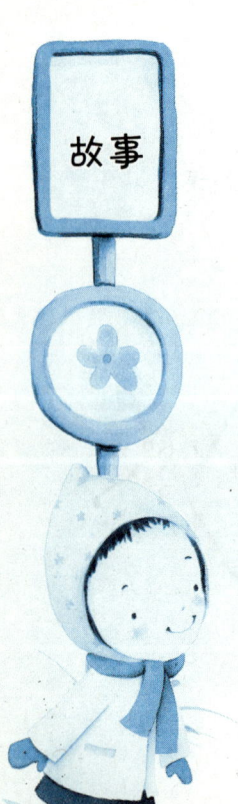

吴起是战国初期著名的政治改革家,卓越的军事家。他自小熟读兵书,为人谦和诚信,体恤士兵,深受士兵喜爱。

一次,吴起有事外出,遇到了一位多年不见的老朋友,吴起非常高兴,拉着老朋友的手不放:"不要走了,你今天无论如何得在我这里吃饭,饭后我们谈谈心。"老友说:"好啊,不过我先要办完手头上的事。"老友临走前,吴起还叮嘱说:"我等你回来一起吃饭。"朋友走后,吴起让人准备了丰盛的饭菜,坐在桌旁等老友。傍晚到了,朋友还没有来,妻子对他说:"天都黑了,不等了,吃饭吧。"吴起说:"不行,大丈夫一言既出驷(sì)马难追,再等等。"又让手下人到集市路口去等候,怕老友因天黑找不着路。直到深夜,老友还不见人影,吴起只好一个人吃了冷饭冷菜。

第二天早晨,吴起派人去请老友,老友来了,吴起非常高兴,又让人置办了一桌丰盛的饭菜。席上,吴起和老友推杯换盏,闭口不谈昨天的事。吃完饭后,两个人促膝谈心,时而笑声不断,时而感慨万千。

分别时,老友握着吴起的手说:"真惭愧啊!昨天有要紧的事耽误了,我听你的下人说,你昨晚一直等我到深夜。今天饭桌上,你为了我的面子闭口不谈昨天的事,我向你道歉。"吴起响亮地说:"为朋友等候,值得。大丈夫立身行事,当讲究诚信。"

诚信勇敢

原文

吴起出，遇故人而止之食①。故人曰："诺，今②返而御③。"吴子曰："待公而食。"故人至暮不来，起不食待之。明日早，令④人求故人。故人来，方与之食。

《韩非子·外储说左上》

注释

①止之食：留故人吃饭。②今：立即。③御：进食。④令：派。

道理

吃饭事小，诚信事大。今日自己能守信，明日才能取信于别人。

3. 诚者无敌

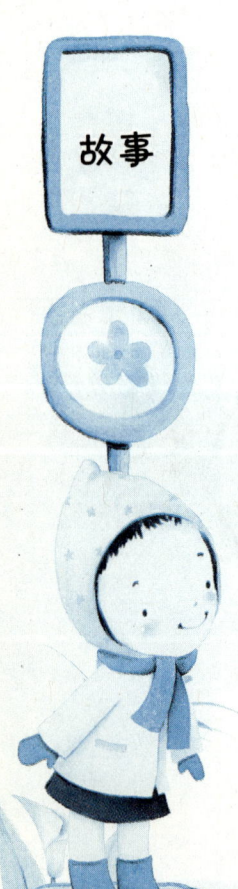

有一回,齐桓公问身边的大臣:"地方太守谁干得最好?"许多大臣异口同声地说:"东边太守干得最好。"齐桓公又问:"谁干得最差?"这些大臣又说:"西边太守干得最差。"齐桓公当时没有表示什么态度,而是悄悄地派人到这两个地方去实地考察,考察的人回来后向齐桓公做了详细的汇报。

过了两天,齐桓公召东边太守和西边太守入朝。大臣们都认为东边太守必受重赏,而西边太守大祸临头了。众文武大臣朝见已毕,齐桓公把西边太守召到跟前说:"自从你任职以来,诽谤之言每天都有。我使人暗中去视察,见田野开辟,百姓富饶,官清吏廉,社会稳定,这都是你专心治理的结果啊。但你不肯拿钱贿赂我身边的人,所以受到许多诽谤之言,你真是一个贤能清正的官吏。为了嘉奖你的功绩,我决定加封你万户。"说完又把东边太守召到跟前,说:"自从你任职以来,赞美你的语言每天都传到我的耳朵里。可是我暗中派人去视察,只见田野荒芜,百姓冻馁(něi),民不聊生,你不去想办法救民于水火,却以厚币重金贿赂我的左右,以求他们在朝中为你说好话。太守里最差的无过于你!"齐桓公为了严惩弄虚作假的大臣,把替东边太守说好话的大臣都给烹煮了。

事后,管仲问:"大王,您的做法是不是严了点?"

齐桓公回答说:"不矫枉过正不行啊!先王最重视诚信,有了诚信,天下各国就结好了。贤大夫不依靠宗室门第,士不依靠别国同盟,取得平平的小利不视为功,面对小富不为所用。所以,存国家、定社稷的大事就在这看似不起眼的小事上啊。"

诚信勇敢

原文

先王贵①诚信,诚信者,天下之结也。贤大夫不恃(shì)②宗至,士不恃外权③。坦坦之利不以功,坦坦之备不为用。故存国家,定社稷,在卒谋之间耳。

(《管子·枢言》)

注释

①贵:重视。②恃:依靠。③外权:别国同盟。

道理

偏听则暗,兼听则明。心明才能事明。

4. 涸辙之鲋

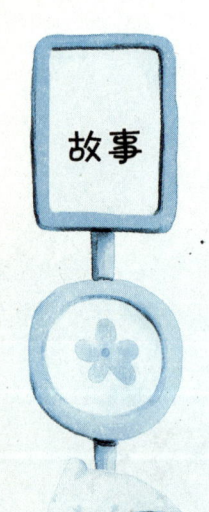

故事

庄子家已经贫穷到揭不开锅的地步了,无奈之下,他只好硬着头皮到治理河水的监河侯家去借粮。

监河侯见庄子登门求助,非常痛快地答应借给他粮。他说:"当然可以,等我把租税收到之后,马上借给你300两银子另加两袋米,怎么样?"

庄子听了监河侯的话,脸气得通红。他愤怒地对监河侯说:"昨天,我在赶往贵府的路上,突然听见了呼救声。我在四周找了很久,也没有见到人影,再仔细观察周围才发现,原来是在一个干涸(hé)的车辙里面躺着一条鲫(jì)鱼。"

庄子叹了口气接着说:"它见到我,像遇到救星一样向我求救。它说,它原来是住在东海的,后来不幸沦落到车辙里了,自己还没有能力逃出来,眼看快要干死了,请求我给它点水,救救性命。"

监河侯听了庄周的话后,问他是否给了水,救助那条可怜的鲫鱼。

庄子白了监河侯一眼,冷冷地说:"我说可以,等我到南方,劝一劝吴王和越王,请他们把西江的水引到这儿来,再把你接回东海老家去。"

监河侯听傻了眼,觉得庄子的救助方法十分荒唐:"那怎么行呢?"

"是呀,鲫鱼听了我的建议,马上气得睁大了眼,说:'现在断了水,没有安身的地方,只要有人肯给几桶水就能解救,刚刚你说的所谓引水,全都是空话、大话,不用等水引来,我早就成为鱼市上的干鱼啦！'"

监河侯听了，知道庄子是在用鲫鱼的事暗示自己的行为，不禁羞红了脸。

诚信勇敢

原文

庄周家贫，故往贷(dài)①粟於监河侯。监河侯曰："诺。我将得邑金，将贷子三百金，可乎？"庄周忿然作色曰："周昨来，有中道而呼者。周顾视车辙②中，有鲋(fù)鱼③焉。周问之曰：'鲋鱼来！子何为者邪？'对曰：'我，东海之波臣也。君岂有斗升之水而活我哉？'周曰："诺。我且南游吴越之王，激西江之水而迎子，可乎？"鲋鱼忿然作色曰：'吾失我常与，我无所处。吾得斗升之水然活耳，君乃言此，曾不如早索我于枯鱼之肆④！'"

（《庄子·外物》）

注释

①贷：借。②辙：车轮辗过的痕迹。③鲋鱼：鲫鱼。④肆：市场。

道理

少说于事无补的空话、大话。承诺要看有没有相应的行动，否则就是虚伪，就是不负责任。

5. 视死如归

故事

齐桓公执政期间，推管仲为相，但掌管行军作战的大司马一职悬而未决，谁可胜任呢？齐桓公准备向众臣问计。

一日，君臣上朝，齐桓公问诸位大臣："众位爱卿，我的百万雄师不知谁可做他统帅？"

管仲走上前来，说："在疆场上能让三军将士个个奋不顾身、视死如归的，我不如王子城父，请您命他为大司马，掌管天下兵马吧。"

齐桓公望了望群臣，大家没有异议。于是，依管仲之言，齐桓公让王子城父担任行军作战的大司马。但军中诸将颇有微词，认为王子城父没有战斗经验，又没有立过什么大功，凭什么一步登天来统帅千军万马呢？

不服归不服，君命不可违，王子城父带着大印走马上任了。

不久，齐国与邻国发生摩擦，武力成了解决矛盾的最终方法。王子城父率领齐国军队在旷野上摆开了阵势。王子城父身先士卒，挥刀在前，齐国军队在他的激励下，如潮水般向敌方涌去。当时天降大雪，雪地上齐国战车的车辙印痕整齐而有序，也没有任何乱七八糟的逃跑的脚印。军鼓一响，齐国的将士个个争先恐后，视死如归。这一战势如破竹，将敌军击退了好几百里。

齐桓公听了喜报，高兴地对管仲说："您真是慧眼识人啊！"此后，齐国军队中再也没有谁敢看不起王子城父了。王子城父成了齐国历史上最有名望的"五杰"之一。

【诚信勇敢】

原文

平原广牧,车不结辙①,士不旋踵(zhǒng)②,鼓之而三军之士视死如归,臣不如王子城父③,请立为大司马。

(《管子·小匡》)

注释

①结辙:辙迹交错,指退车回驶。②踵:脚后跟。③王子城父:人名。

道理

生气不如争气。任何事都要用事实说话,行动会让人心服口服。

6. 妙计拔亭

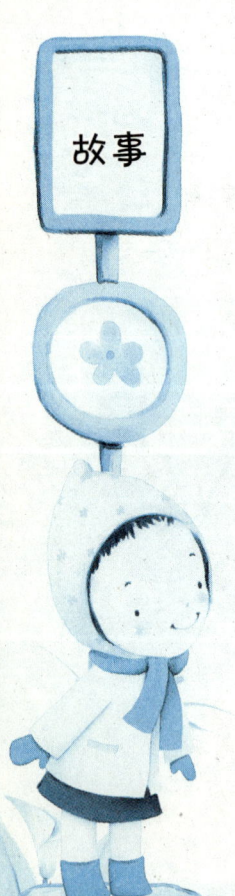

故事

魏武帝统治时期,任命治军严谨、亲近士兵的吴起为西河的守将。魏国边界的西边和秦国相临,秦国在边界上修了一座哨亭,这座哨亭的成了吴起的心病。这座哨亭相当于在自己的床旁边养了一只老虎,西河的老百姓常常感到不安,但是如果召集军队一起杀伐拔掉这座哨亭,愿望是达到了,但动静太大,外交上不好敷衍,弄不好还会引起魏、秦两国关系的不和。

考虑多日,吴起终于想出了一条妙计。他让士兵把一根木头放在西河北门外城墙边靠着,并发布告示:"如果谁能将这根木头搬到南门外,将得到一块肥沃的田地和一座上等的房屋作为赏赐。"消息传开后,不少人都围到北门外,猜测的、疑惑的、跃跃欲试的都有。有人抱着试试看的心理把木头扛到了南门外,到了之后转身就走,士兵拦住了他:"我家将军说了,能扛到南门外的一定兑现诺言。"吴起果然按告示上说的给了他赏赐。此事传开后,老百姓都认为吴起是个守信的人。

过了几天,吴起又让士兵把一石赤豆放在东门外,并且发布告示:"如果有人把这一石赤豆搬到西门外,仍将会得到肥田和上等房屋的赏赐。"围观的人都争着去搬。

时机成熟了,吴起于是发布动员令:"明天我要拔掉边界上秦国的哨亭,让大家过上平安稳定的生活,如果有人第一个登上哨亭,我会封他大夫之职,赏赐给他上等的土地房屋。"于是,西河老百姓抢着去攻打哨亭,一个早上就拔掉了这个眼中钉。

吴起巧借百姓之手,拔掉了哨亭,秦国也没有什么话可说。

诚信勇敢

原文

吴起为魏武侯西河之守。秦有小亭①临境,吴起欲攻之。不去②,则甚害田者③;去之,则不足以征甲兵④。于是乃倚一车辕(yuán)⑤于北门之外而令之曰:"有能徙(xǐ)此南门之外者,赐之上田、上宅。"人莫之徙也。及有徙之者,还赐之如令。俄⑥又置一石赤菽(shū)⑦东门之外而令之曰:"有能徙此于西门之外者,赐之如初。"人争徙之。乃下令曰:"明日且攻亭,有能先登者,仕之国大夫,赐之上田宅。"人争趋之。于是攻亭,一朝而拔之。

(《韩非子·内储说上七术》)

注释

①亭:哨亭。②去:除。③害田者:危害种田人。④征甲兵:征集军队。⑤一车辕:一根车上的辕木。⑥俄:不久。⑦菽:豆类的总称。

道理

诚信可以化为一种力量,这种力量是战胜敌人的法宝。

7. 柯地之盟

故事

曹沫做鲁国的将军时,跟齐国作战三次均大败。鲁庄公害怕了,就把遂邑的地方献给齐国来求和。

齐桓公答应跟鲁庄公在柯地相会并结盟。相会之时,曹沫手持匕首挟持齐桓公,齐桓公左右的人没有一个敢动。齐桓公于是问曹沫说:"你想要干什么?"曹沫说:"齐国强大而鲁国弱小,可是你们强大的齐国侵略鲁国已经太过分了。现在鲁国都城的城墙倒下来就会压到齐国的边境。您还是好好考虑一下该怎么做吧。"齐桓公于是答应全部归还鲁国被侵占的国土。

齐桓公说完以后,曹沫扔下匕首,走下坛,面朝北方,坐在群臣的位置,脸色没有改变,说话跟原来一样若无其事。

齐桓公很生气,想违背约定。管仲说:"不能这样做。如果为了贪图小利来使自己痛快,就会在诸侯间失去信义,最终会失去天下的援助,不如把土地给他们。"于是齐桓公就把所侵占的鲁国土地归还给鲁国。

曹沫三次战败所失去的土地又全部回到了鲁国手中。

诚信勇敢

原文

齐桓公许与鲁会于柯(Kē)①而盟。桓公与庄公既盟于坛上,曹沫执匕首劫齐桓公,桓公左右莫敢动,而问曰:"子将何欲?"曹沫曰:"齐强鲁弱,而大国侵鲁甚亦。今鲁城坏即压齐境②,君其图之。"桓公乃许尽归鲁之侵地,既已言,曹沫投其匕首,下坛,北面就群臣之位,颜色③不变,辞令如故④。

(《史记·刺客列传》)

注释

①柯:地名,在今天的山东东阿县西南。②鲁城坏即压齐境:鲁国都城的城墙倒塌,就会压到齐国的边境了。③颜色:脸色。④辞令如故:谈吐像平常一样从容。

道理

拥有勇敢的品质,能让人义无反顾,也能让敌人退却。

四、忠诚孝敬

ZHONGCHENGXIAOJIN
CHUDUGUOXUE

1. 最高境界
2. 圣人尊之
3. 孝子鲁人
4. 子瑕探母
5. 三言成虎
6. 事必躬亲
7. 乱国救之

1. 最高境界

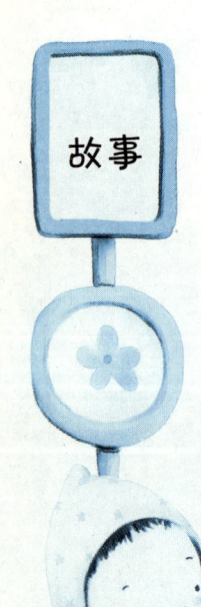

一日,孔子携众弟子春游。走到中途,忽遇一河,河水清且浅。走还是停呢?正犹豫着,见一青年驮着老父过河。孔子见状,站在河岸上连声赞叹:"大孝子啊,大孝子!"

子路忙问:"先生,您凭哪一点这么说呢?"

孔子说:"天下有两种引以为戒的戒条:一是天命,一是人义。子女关爱父母,这是天经地义的事,这就是天命之性,不需要用心思解释;臣子侍奉自己的君主,这是人为之义,天地之间无论到哪里都不会没有国君的统治,这是无法逃避的现实。"

冉有走上前来说:"那就请先生给我们谈谈他们的最高境界,好吗?"

孔子捋了捋胡须,意味深长地对身边的众弟子说:"坚持很重要。子女侍奉双亲,不论在什么地方都不停止它,是孝道的最高境界;人臣侍奉君主,不论做什么事情都不停止它,这是忠道的最高境界。"

公西华又问:"那么请问德性的最高境界是什么呢?"

孔子沉思片刻说:"自我修养心性不以哀乐为转移,知道对这件事无可奈何而安心去做,是德性的最高境界。"

子路不解地问:"明知道不可为,却为之,这样的人岂不是太傻了吗?"

孔子摇了摇头说:"不傻不傻。既然是臣子,肯定有不得已的时候。依据客观情况办事,不去计较自己的得失,孜孜以求。能够这样,我们哪里还有时间去乐生而怕死呢!"

众弟子沉默不语,似有所悟。

【忠诚孝敬】

原文

仲尼曰:"天下有大戒①二:其一,命②也;其一,义③也。子之爱亲,命也,不可解于心;臣之事君,义也,无适④而非君也,无所逃于天地之间。是之谓大戒。是以夫事其亲者,不择地而安之,孝之至也;夫事其君者,不择事而安之,忠之盛也;自事其心者,哀乐不易施乎前⑤,知其不可奈何而安之若命,德之至也。为人臣子者,固有所不得已。行事之情⑥而忘其身⑦,何暇(xiá)至于悦生而恶死!夫子其行可矣!

(《庄子·人间世》)

注释

①大戒:指应当遵守的戒条或法则。②命:天命,天性,必然性。庄子是讲命定论的,所谓命定论就是"无可奈何而安之若命"。③义:人义,行为适宜,人为的。庄子的义就是不得已而从之的忠君之德,是他的义命观的内容之一。④无适:不论到什么地方。⑤哀乐不易施乎前:指不依当前哀乐为之转移,即《养生主》中所说的"哀乐不入"。易施,改变,移动。前,当前。⑥行事之情:按实际行事。行,实行,执行。情,情实。⑦忘其身:忘掉自己的得失哀乐。

道理

赡养父母是子女的义务,热爱祖国是每个公民的责任。侍奉双亲应该持之以恒,对待祖国应该披肝沥胆。

2. 圣人尊之

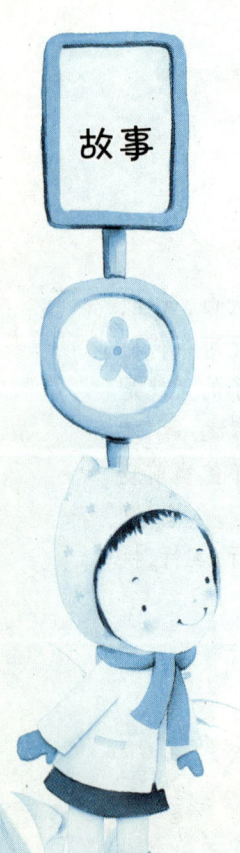

故事

孔子游玩来到名叫缁帷(Zīwéi)的树林，坐在长有许多杏树的土坛上休息。一名渔夫前来，说孔子是不懂得"真"的人。孔子不解地说："请问什么叫做'真'？"渔夫回答："所谓'真'，就是精诚的极点。不精不诚，不能感动人。所以，勉强啼哭的人虽然外表悲痛其实并不哀伤，勉强发怒的人虽然外表严厉其实并不威严，勉强亲热的人虽然笑容满面其实并不和善。"

孔子听了渔夫的话，深有启发，于是恭敬地送他走。这时，颜渊上了车，子路递过上车用的绳索让孔子上车，而孔子却看定渔夫离去的方向，直到水波平定，听不见桨声方才登上车子。

子路依傍着车子问道："我跟随先生已经很久了，不曾看见先生对人如此谦恭尊敬。大国的诸侯，小国的国君，见到先生历来都是平等相待，先生还免不了流露出傲慢的神情。如今渔夫手拿船桨对面而站，先生却像石磬一样弯腰鞠躬，听了渔夫的话一再行礼后再作回答，恐怕是太过分了吧？弟子们都认为先生的态度不同于往常，一个捕鱼的人怎么能够获得如此厚爱呢？"

孔子伏身在车前的横木上叹息说："你实在是难以教化啊！你沉湎于礼义已经有些时日了，可是粗野卑下的心态至今也未能除去。上前来，我对你说！大凡遇到长辈而不恭敬，就是失礼；见到贤人而不尊重，就是不仁。他倘若不是一个道德修养接近于完善的人，也就不能使人自感谦卑低下，对人谦恭卑下却不至精至诚，定然不能保持本真，时间长了就会伤害身体。真是可惜啊！不能见贤思齐对于人们来说，祸害再没有比这更大的了，而你子路却偏偏就有这一毛病。"

孔子稍停一下，又说："我们所说的大道，是万物产生的根源，各种物类失去了它就会死亡,获得了它便会生长,所以圣人必定尊崇大道。如今渔夫对大道已有体悟,我怎么能不尊敬他呢?"

【忠诚孝敬】

原文

颜渊还车,子路授绥(suí)①,孔子不顾,待水波定,不闻拏(ráo)音②而后敢乘。子路旁车③而问曰:"由④得为役⑤久矣,未尝见夫子遇人如此其威⑥也。万乘之主,千乘之君,见夫子未尝不分庭伉礼,夫子犹有倨(jù)敖之容。今渔父杖拏逆立,而夫子曲腰磐(pán)折⑦,言拜而应,得无太甚乎?门人皆怪夫子矣,渔人何以得此乎?"孔子伏轼而叹曰:"甚矣由之难化也!湛(chén)⑧于礼仪有间⑨矣,而朴鄙之心至今未去。进,吾语汝!夫遇长不敬,失礼也;见贤不尊,不仁也。彼非至人,不能下人,下人不精,不得其真,故长伤身。惜哉!不仁之于人也,祸莫大焉,而由独擅之。且道者,万物之所由也,庶物失之者死,得之者生,为事逆之则败,顺之则成。故道之所在,圣人尊之。今渔父之于道,可谓有矣,吾敢不敬乎!"

(《庄子·渔父》)

注释

①授绥:将上车时用的拉绳交给孔子。②拏音:桨声。③旁:通"傍",依傍,靠着。④由:子路自称。⑤为役:做弟子。⑥威:谦恭尊敬。⑦磐折:形容一动不动地弯着腰。⑧湛:通"沉",沉溺。⑨有间:有一段时间。

道理

对待学问应该不耻下问,即使是身份卑微的人,只要他有独到之处,照样可以做我们的老师。

3. 孝子鲁人

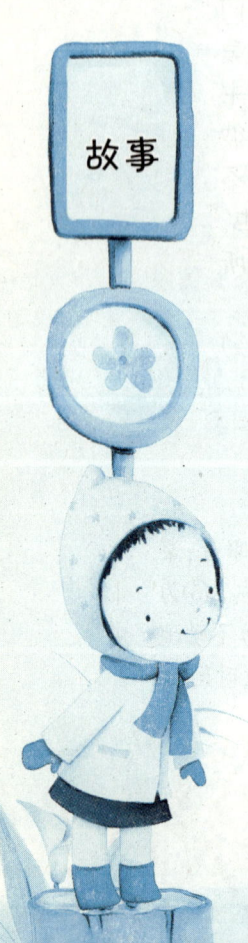

鲁国有个人跟随鲁君作战，三次去三次逃跑，有一次逃跑被监军抓住了，把他送到统军将领那里，将领了解情况后准备处罚他。

这事传到了孔子的耳中，孔子认为这事一定有什么原因，不能轻易处罚，因为处罚得不好，会让士兵的情绪低落。孔子让人套了车快马来到营房，鲁人正被绑在营外。孔子一边让人看住逃兵不被杀，一边去拜见统军将领。统军将领问道："先生不辞辛劳匆忙来到军营，一定有要事赐教。"孔子直截了当地说："我是为那个逃兵来的。"统军将领摇摇头说："别的事好说，为逃兵的事不行。"孔子对统军将领作了一揖(yī)："这是代逃兵给你行礼。将军问过原因吗？如果没有正当理由，这个士兵该受处罚，如果事出有因，那可就冤枉了一个士兵，冤枉士兵会造成军心不稳。"听了这番话，将军点了点头："先生说得有道理，我们去问问吧。"

二人来到帐外，孔子亲自给逃兵松绑，问道："作为士兵，服从命令是你的天职，为国捐躯也光荣，你怎么总是在战场上逃跑？如果你有隐情请告诉我，我一定禀告将军并赦免你。"士兵听了这番话眼泪汪汪地说："先生啊，连年战争，老百姓都怕了，更重要的是我家里有80岁的老父亲，如果我在战场上死了，谁来养他呀！我是因为挂念父亲才想逃跑的。"孔子感慨地说："真是孝子啊！我都感动了，我一定救你。"

孔子把逃兵的事直接向鲁君禀报了，鲁君也很感动，就依据孔子的推荐封了他一个官职。

忠诚孝敬

原文

鲁人从君战,三战三北①。仲尼问其故,对曰:"吾有老父,身死莫②之养也。"仲尼以为孝,举而上③之。

（《韩非子·五蠹》）

注释

①三北:败逃。②莫:没有人。③上:做官。

道理

心里时刻惦记着老父老母,这是孝心的体现。

4. 子瑕探母

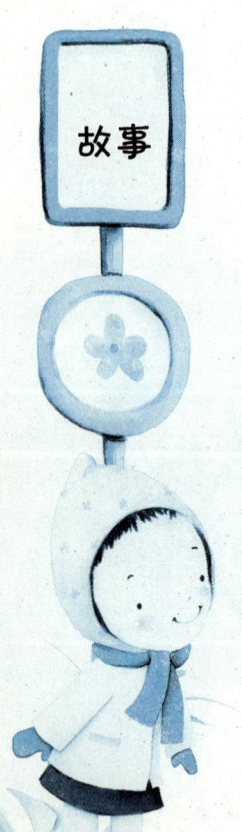

故事

从前,弥子瑕因为身材匀称,长相俊朗,深得卫灵公喜欢。

卫国有条法令规定:私自驾驶君王的车子出宫门的人,要处以砍断双脚的刑法,因此谁都不敢私自驾君王的车驾出宫。

一次,弥子瑕的母亲生病了,他的邻居乘夜晚走小路偷偷潜入宫内告诉了子瑕:"子瑕大哥,您母亲生病了,还发着高烧,嘴里老念叨着要见你一面。"子瑕一听,眼泪立即淌了出来:"母亲啊!儿子不孝,侍奉君王太忙,从来没回家看望过您。"但是,王宫离家有好几里路,明天早晨前还必须赶回王宫,怎样尽快赶到家呢?子瑕急得直跺脚,突然他一拍巴掌,为了老娘,今天就算搭上这条命也要冒险试一试。他带了许多老人都爱吃的糕点,换上了朝服,然后来到御马房,让人备好卫灵公的车驾,说君王夜间有事要出去,然后他亲自驾着车马驶出了内宫。到了城门口,守城士兵拦住了他:"什么人胆敢私自驾驭(yù)大王的车马出城,不怕砍断双脚吗?"弥子瑕假装镇定地说:"看清楚了,我是弥子瑕,大王命我出城办事,耽误了国事你不怕杀头吗?"一见是弥子瑕,士兵赶忙开门让路。

后来有人把这件事偷偷告诉了卫灵公,卫灵公不但没有责怪他,反而奖赏了他:"子瑕是个孝子啊!为了探望生病的母亲,把砍断双脚的刑罚放在脑后,就饶恕了他吧!"

忠诚孝敬

原文

昔者弥(Mí)子瑕(xiá)有宠于卫君。卫国之法：窃驾君车者罪刖(yuè)①。弥子瑕母病，人间②往夜告弥子，弥子矫③驾君车以出。君闻而贤之，曰："孝哉！为母之故，忘其刖罪。"

（《韩非子·说难》）

注释

①刖：砍掉双脚或脚趾的刑罚。②间：抄小路。③矫：假托。

道理

冒着严厉的刑罚风险，探望生病的母亲，孝心可嘉。

5. 三言成虎

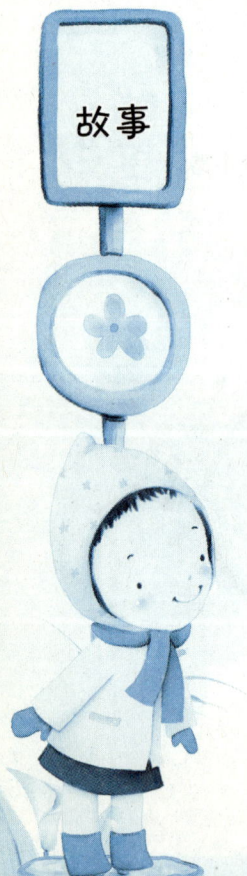

故事

战国时代，国与国之间有时互相攻伐，有时又会因彼此有共同的利益而互相结盟。因为大家都不大信任对方，为了使双方能真正遵守信约，签约的两国通常会将皇族中的人交给对方作为人质。

有一次，魏国的太子被送到赵国的都城邯郸做人质，跟随一起去的人员中包括魏国的大臣庞恭。临行前的一夜，庞恭在床上辗转反侧，他本来是魏王信任的近臣，倒不怕冒着生命危险到虎狼一样的赵国做人质，但就怕时间一长，有人在魏王面前说他的坏话，说不定还会有杀头的可能。思考了一夜，他终于想出了一个办法。

第二天，魏王设宴为他和太子饯行，酒席上庞恭对魏王说："假如现在有一个人报告大王说，集市上出现了一只老虎，大王相信吗？"魏王说："不相信。"庞恭又说："如果又有第二个人对大王说，集市上有一只老虎，大王会怎样看待这个消息？"魏王说："我有些将信将疑了。"庞恭又说："如果有第三个人说集市上出现了老虎，大王一定相信了？"魏王毫不犹豫地说："我当然相信。"

庞恭上前一步跪倒在地："大王，为了赵国，臣死也没有怨言，但通过今天这个事例让臣感到很害怕，谣言的力量不亚于一把杀人的刀啊！集市上不会有老虎，这很明显，可是经过三个人一说，好像真的有老虎了，大王也相信了。现在赵国都城邯郸离我国国都大梁比这里到街市要远很多，议论我的人又不止三个，希望大王明察臣的忠心，我死而无憾了。"魏王说："你起来吧，我知道该怎么做。"

三年后,庞恭陪太子回国,魏王果然没有再召见他。庞恭知道,议论他的言语早就填满了大王的耳朵,他有一百张嘴也说不清了。

忠诚孝敬

原文

庞恭与太子质①于邯郸,谓魏王曰:"今一人言市有虎,王信之乎?"曰:"不信。""二人言市有虎,王信之乎?"曰:"不信。""三人言市有虎,王信之乎?"王曰:"寡人信之。"庞恭曰:"夫市之无虎也明矣,然而三人言而成虎。今邯郸之去②魏也远于市,议③臣者过于三人,愿王察之。"庞恭从邯郸反,竟不得见。

(《韩非子·内储说上七术》)

注释

①质:做人质。②去:距离。③议:妄议,非议。

道理

谎话说三遍就有可能被人当成真理,言语的力量不可轻视。

6. 事必躬亲

故事

齐桓公执政期间，事事亲自过问，生怕有什么闪失。

"一年之计在于春"，正月初开始，齐桓公就将地方官召来一一询问，听他们报告公事。

这一天，朝堂下齐刷刷地站满了一大排地方官员。齐桓公高声问道："在你们乡中，有无平时行义、好学、聪明、质性仁厚、慈孝于父母、敬爱兄长之名闻于乡里的人？"地方官员赶忙拿出名单，一个个上前禀告，生怕有什么疏漏。

齐桓公威严地警告说："有这样的人，就要报告，有而不报，叫做埋没人才。有而不报的人，有五种罪。"官员们吓得直点头。齐桓公命人逐一记录下来，地方官一个个报告完毕退到一旁。

齐桓公又问："在你们乡中，有无勇气、体力、筋骨强壮出众的人？有，就要报告。有而不报，叫做埋没人才。这种情况，也有五种罪。"官员们又照例逐个汇报，走马灯似的，齐桓公又命人逐一记录下来。

齐桓公的第三个问题又来了，他说："在你们乡中，有无不慈孝于父母，不敬爱兄长，骄傲淫暴，不遵行君令的人？有，就要报告。有而不报，叫包庇属下，对这种行为，也有五种罪。"

这就是齐桓公招募人才、了解民情的"现场办公会议"。会议结束后，乡长便回去勤修德政，并把贤士送来。齐桓公则亲自接见这些推荐上来的人才，并让他们在官府中工作，政绩卓著的，会不断予以提拔。

由于齐桓公广纳人才，勤于政事，国家蒸蒸日上。

忠诚孝敬

原文

正月之朝,乡长复事①。公亲问焉,曰:"于子之乡,有居处为义好学、聪明质仁、慈孝于父母、长弟②闻于乡里者,有则以告。有而不以告,谓之蔽③贤,其罪五。"有司已于事而竣(jùn)④。公又问焉,曰:"于子之乡,有拳勇、股肱⑤之力、筋骨秀出于众者,有则以告。有而不以告,谓之蔽才,其罪五。"有司已于事而竣。公又问焉,曰:"于子之乡,有不慈孝于父母、不长弟于乡里、骄躁淫暴、不用上令者,有则以告。有而不以告,谓之下比,其罪五。"有司已于事而竣。于是乎乡长退而修德进贤,桓公亲见之,遂使役之官⑥。

(《管子·小匡》)

注释

①复事:报告公事。②长弟:亦作"长悌",指友爱。③蔽:埋没。④竣:事情完毕。⑤股肱:大腿和胳膊的上部,比喻辅佐帝王的得力大臣。⑥遂使役之官:就用这些人在官府工作。

道理

了解民情,体察民意;赏罚分明,重用人才,则国家可以兴旺。

7. 乱国救之

颜回是孔子最得意的弟子,有能力,有抱负。一天,他出外寻友,路过卫国的边境。

颜回见大批难民从卫国外逃,很好奇,便叫住一位难民不解地问:"卫国难道发生灾害了吗?"

对方摇摇头说:"没有。"

颜回又问:"既然没有灾难,那么你们为什么举家外逃呢?"

对方听了悲从中来,泣不成声地说:"卫国的灾难不是天灾人祸能够相比的。"

颜回更纳闷了,另一位老者走过来说:"君主之祸猛如虎啊。我们的国君惨无人道,我们都被逼得活不下去了。"

颜回又问:"国君残暴,难道没有良臣吗?"难民摇头。

颜回闷闷不乐地驱马回家。颜回边走边寻思:我实现抱负的机会来了。

第二天,颜回去见孔子,向他辞行。

孔子问:"你要到什么地方去?"

颜回说:"我将到卫国去。"

孔子又问:"去做什么事情?"

颜回说:"我听说卫国君主年轻气盛,行为自专独断;轻率处理国事,而不认识自己的过错;轻率地用兵而不爱惜人民的生命,战死的人填满国内的沟壑(hè),如同枯干的薪柴一样,使人民无可奈何。我曾听先生说过:'社会秩序安定的国家要离开它,社会秩序混乱的国家要去拯救它,就如良医门前多病人一样。'我愿意依据先生所说的道理,考虑治理卫国的办法,也许可以把卫国的症结治愈吧!"

孔子听罢颜回的话,欣慰地笑了。

忠诚孝敬

原文

颜回见仲尼,请行①。曰:"奚之②?"曰:"将之卫。"曰:"奚为焉?"曰:"回闻卫君,其年壮,其行独③;轻用其国④,而不见其过;轻用民死,死者以国量乎泽⑤,若蕉⑥,民其无如⑦矣。回尝闻之夫子曰:'治国去之,乱国就⑧之,医门多疾。'愿以所闻思其则,庶几⑨其国有瘳(chōu)⑩乎!"

(《庄子·人间世》)

注释

①请行:辞行。②奚之:奚,何处。之,往。③独:专断。④轻用其国:指轻率处理国事。⑤死者以国量乎泽:死尸填满国中的泽地。⑥蕉:通"焦",焦枯。⑦无如:没有归往的地方。如,往。⑧就:趋赴,前往。⑨庶几:也许可以,差不多。⑩瘳:病愈。引申为恢复元气。

道理

拯救危难的国家,需要超乎寻常的社会责任感,需要胸怀天下的抱负。

五、聪明智慧

CONGMINGZHIHUI
CHUDUGUOXUE

1. 鲁君察子
2. 买椟还珠
3. 鲁侯养鸟
4. "火眼"看树
5. 人尽其才
6. 崇尚和平
7. 尧帝治国
8. 贪念是祸
9. 晋文公论赏
10. 庄子钓鱼

1. 鲁君察子

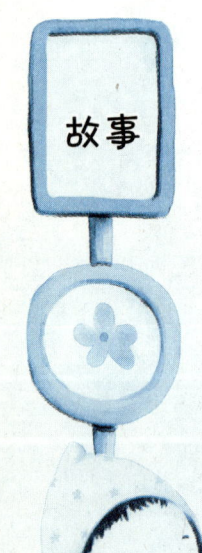

一天,墨子正在自己后院中的竹椅上躺着看书,突然传令官带来了君王的口谕:"传大王口谕,有事要接见先生。"墨子不敢怠慢,急忙换了朝服,来到王宫。侍卫将他引到国君的书房,鲁君正躺在书房的床上等着墨子。

看见墨子进来了,鲁君从床上坐起,君主礼毕,鲁君开门见山地说:"先生,我想和您谈谈太子的事,我年纪大了,也该考虑太子继位的事了,希望您对我讲真话。我有两个儿子,我经常观察他们,发现他们一个喜欢学习,整天捧着书本。一个心地善良,我多次看见他把钱财分给穷人。两个人都表现出了让我高兴的一面,到底哪个能当太子呢?请先生帮我斟酌斟酌。"

墨子想了一会,不紧不慢地说:"难以判断。太子之位,关系国家千秋万代,一定要慎重。我觉得也许两位太子早就知道君王在考察他们,故意那样做来博取好的名声。君王可曾听说,钓鱼的人在钓鱼的时候态度非常恭敬,难道是为了表示对鱼的恩赐?只不过是想专心多钓鱼,不敢分心罢了。捕鼠的人把虫子放在捕鼠夹上诱捕老鼠,难道是爱老鼠让老鼠吃饱?一个人为人处世时只有抛弃了故意的行为,才会显露真实的内心,我希望君王把志向和行为结合起来,全面考察两位太子,而不仅仅从表面考察他们,那么鲁国就有福了。"

鲁君听后,很真诚地对墨子表示感谢:"先生的指教是正确的,我会慎重考虑的。"

原文

鲁君谓子墨子曰："我有二子，一人者好学，一人者好分人财，孰以为太子而可？"墨子曰："未可知也，或所为赏与为是也①。钓者之恭，非为鱼赐也；饵(ěr)鼠以虫，非爱之也，吾愿主君之合其志功②而观焉。"

（《墨子·鲁问》）

聪明智慧

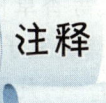

注释

①或所为赏与为是也：或许是为了得到奖赏和好名声才这样做的。②志功：志向和行为。

道理

要看清一个人的真实情况不容易。把志向和行为结合起来考察人，是不错的识人之法。

2. 买椟还珠

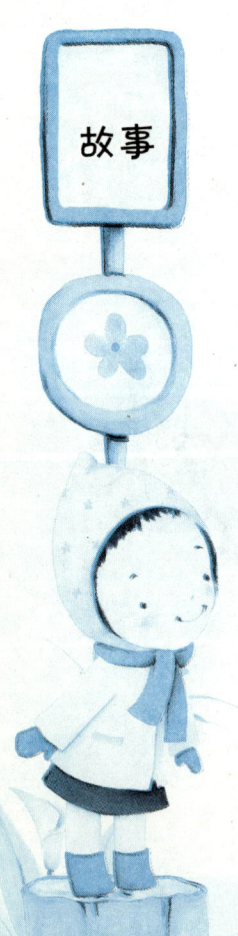

故事

楚国有个珠宝商人准备到郑国去卖珠宝,为了让他的珠宝卖个好价钱,这次他想了一种与以往不同的方法:许多人都要买珠宝送人,要求将珠宝用一个精美的盒子包装起来,这可是很好的商机呀。说做就做,他请来工匠,亲自到集市上挑选上等的楠木,让工匠用楠木做了一个小巧玲珑的盒子,然后用上等香草将珠宝盒子仔仔细细地熏染了好几遍,效果是要让用手捧起盒子的人,不但感到奇香扑鼻,而且摸过盒子的手上都沾有香气,几天后才能洗掉。珠宝商又让工匠在盒子上面雕刻了许多玫瑰,用小珍珠、小玉石、小翡翠镶嵌在盒子四周,然后才把珠宝放在盒子里。

经过几天日夜兼程,楚国珠宝商终于到了郑国国都。他选了一块比较热闹的地段,将珠宝盒子摆上集市,不久就围上了许多人。有人问:"老板,这次有上等货色吗?"珠宝商人捋着胡须说:"大家不要挤,外行看热闹,内行看门道。东西都摆在那儿,别问,用眼看,用心感受。"不一会儿,一帮家丁拨开人群:"让开,让开,我家老爷要挑选上等珠宝。"话刚说完,一个肥头大耳的中年男人满口酒气地出现在众人面前,一看就是个有钱人。楚国珠宝商人一看生意来了,赶忙满面笑容地站起来说:"先生里面请。"那个郑国有钱人一来就盯住了华丽精美的珠宝盒,左看右看,口中啧啧连声,小眼睛眯缝着,眼露喜爱之色。"老板,这个珠宝盒值多少钱?""先生要买吗?里面的那颗大珍珠可谓价值连城,不可多见,但价格很贵。"郑国有钱人正手捧珠宝盒爱不释手呢!"这样吧!我不要你的珠宝,我用买珠宝的价格买你这个珠宝盒,可以吗?""当然可以。"双方谈好价格后,郑国有钱人就高兴地捧走了那华丽奇香的珠宝盒。

楚国商人还是第一次遇到这么奇怪的人,他欣喜之中收起珠宝,怕那个郑国人反悔,便匆匆离开了集市。

聪明智慧

原文

楚人有卖其珠于郑者,为木兰之柜,薰(xūn)桂椒(jiāo)之椟(dú)①,缀②以珠玉,饰以玫瑰,辑(jí)③以翡翠。郑人买其椟而还其珠。

(《韩非子·外储说左上》)

注释

①薰桂椒之椟:用桂椒香味薰盒子。②缀:装饰。③辑:镶(xiāng)。

道理

做人不应一味追求华丽的外表,外表包裹下的内核尤其应该看重。

3. 鲁侯养鸟

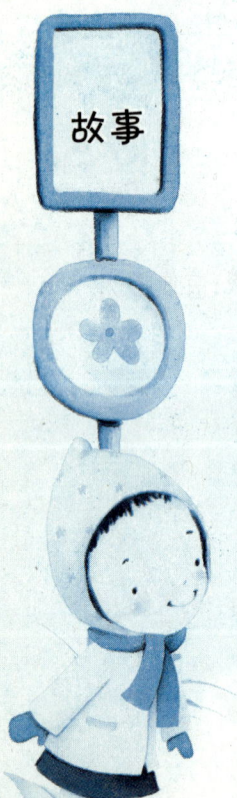

春秋战国时期，很多诸侯王有着至高无上的地位。他们每天接受着至尊的膜拜，欣赏着最美妙的音乐，吃着最讲究、最丰盛的食物。他们养尊处优，却不见得有多少过人的智慧。

有一天，一只巨大的鸟飞落在鲁国都城的附近，引来许多围观者。这是一只海鸟，它的头抬起的时候，身高达8尺，样子长得很漂亮，很像传说中的凤凰。因此，人们都把它当做神鸟。

鲁侯听了臣下关于这只大海鸟的汇报，决定以盛大的礼节，郑重其事地迎接它。鲁侯在宗庙里毕恭毕敬地设酒宴招待海鸟，命宫廷乐师奏起了最高级的韶曲，这是舜帝时在最隆重的场合下才演奏的乐曲，共有九章。鲁侯又派人给海鸟摆满最上等、最神圣的"太牢"供品做食物，这些食物就是用很大的盘子盛着烤熟的全牛、全羊和全猪。鲁侯侍立在海鸟旁边，诚心诚意地请它食用。

海鸟看到这莫名其妙的场面，被吓得有些发呆。它离开了辽阔的大海，失去了宝贵的自由，看着面前纷乱的人世，只觉得头昏眼花，充满了惊恐和悲伤。海鸟始终不敢吃一块肉，不敢饮一杯酒。三天之后，它便在极度的惊吓忧郁中死去了。

鲁侯十分沮丧，他不知道自己到底错在何处。

其实，鲁侯是用供养自己的一套做法来供养海鸟，他不知道，世上万事万物皆有自身的特点和所应遵循的规律。

聪明智慧

原文

昔者海鸟止于鲁郊,鲁侯御(yà)①而觞(shāng)②之于庙,奏九韶③以为乐,具太牢④以为膳。鸟乃眩⑤视忧悲,不敢食一脔(luán)⑥,不敢饮一杯,三日而死。此以己养养鸟也,非以鸟养养鸟也。

(《庄子·至乐》)

注释

①御:迎接。鲁侯以为海鸟是神鸟,所以迎接。②觞:饮酒。③韶:虞舜的乐曲名。④太牢:帝王、诸侯祭祀社稷时准备全了猪、牛、羊叫太牢。⑤眩:眼睛昏花看不清楚。⑥脔:切成小片的肉。

道理

用合适的方法做合适的事,才能收到合乎自己愿望的效果。

4. "火眼"看树

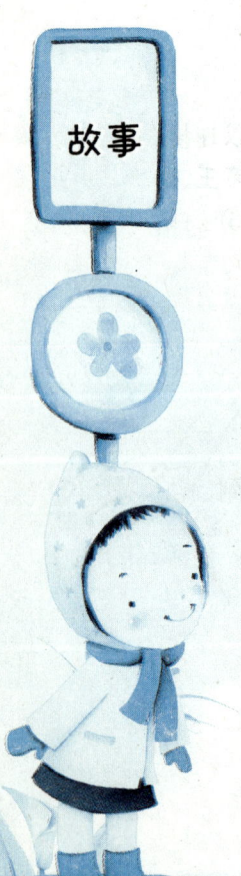

匠人石带着徒弟一起去齐国寻找良木。这一天,他们来到曲辕这个地方,这里盛产名木。突然,徒弟惊喜地对匠人石大叫:"看,多大的一棵树啊!"匠人石一转脸,果然前方有一棵被世人当做神社的栎树。

这棵栎树真大,它的树冠大到可以遮蔽数千头牛,用绳子绕着树干量一量,足有十丈粗,树梢高临山巅,离地面80尺处方才分枝,用它来造船可造十余艘。观赏的人群像赶集似的涌来涌去,而这位匠人只瞧了一眼,便脚不停步地往前走了。

他的徒弟站在树旁看了个够,见师傅理也不理,觉得很奇怪。他跑着赶上了匠人石,不解地问:"自我拿起刀斧跟随先生,从不曾见过这样壮美的树木。可是先生却不肯看一眼,不住脚地往前走,这是为什么呢?"

匠人石回答说:"算了,不要再说它了!这是一棵什么用处也没有的树。"

徒弟好奇地问:"您怎么知道它是一棵什么用处也没有的树呢?"

匠人石肯定地回答说:"用它作成船定会沉没,用它作成棺椁定会很快朽烂,用它作成器皿定会很快毁坏,用它作成屋门定会流脂而不合缝,用它作成屋柱定会被虫蛀蚀。"

徒弟更觉得不可思议了,于是又问:"请师傅说说理由好吗?"

匠人石反问一句:"如果它是一棵很有用处的树,它能存活到今天吗?这是不能取材的树,因为没有什么用处,所以它才能有如此寿诞。"

聪明智慧

原文

匠石之齐,至于曲辕,见栎(lì)社树。其大蔽数千牛,挈(xié)之百围①,其高临山,十仞而后有枝,其可以为舟者旁②十数。观者如市,匠伯不顾,遂行不辍。弟子厌观之,走及匠石,曰:"自吾执斧斤以随夫子,未尝见材如此其美也。先生不肯视,行不辍,何邪?"曰:"已矣,勿言之矣!散木也,以为舟则沉,以为棺椁(guǒ)③则速腐,以为器则速毁,以为门户则液樠(mán)④,以为柱则蠹(dù)⑤。是不材之木也,无所可用,故能若是之寿。"

(《庄子·人间世》)

注释

①挈之百围:挈,用绳子计量周围。围,周长一尺。②旁:旁枝。③椁:"椁"的异体字,指棺外的套棺。④樠:渗出的样子。⑤蠹:蛀蚀,损害。

道理

表象最容易欺骗人的眼睛,最受欢迎的也许是最平凡的。

5. 人尽其才

公孙龙子在赵国的时候,对弟子们说:"一个人如果一无所长,我不会与他交往。"

一天,一个人穿着粗布衣服,扎着麻绳腰带,前来求见公孙龙子,要求成为他的弟子。

公孙龙子说:"你知不知道,我收弟子有一个要求?"

那人说:"有什么要求?愿闻其详。"

公孙龙子说:"我收弟子只有一个要求:必须有一技之长。请问,你有什么特长吗?"

那人回答说:"我擅长喊叫,声音可以传达几里之外。"

公孙龙子回头问他的弟子们:"你们中间,有没有人擅长呼喊?"

弟子们回答说:"没有。"

公孙龙子对那人说:"好!你可以成为我的弟子。"

那人走后,一个弟子问公孙龙子:"先生为什么要收下他呢?"

公孙龙子说:"他擅长呼喊。"

弟子问:"呼喊也可以算是一种技能吗?"

公孙龙子说:"你们都不具有,只有他擅长,这难道不是技能吗?"

后来,公孙龙子到燕国去游说燕王,经过黄河的时候,渡船停在对岸,公孙龙子叫那个擅长呼喊的弟子大声呼喊,渡船上的人听到了,把船从对岸划了过来。

一个弟子说:"好啊!呼喊果然是一大特长。"

公孙龙子说:"天下没有绝对无用的人,也没有一无是处的物。这就是《老子》中所说'圣人总是善于救人,所以没有被遗弃的人;总是善于物尽其用,所以没有废弃的东西'的道理。"

原文

善行无辙(zhé)①迹,善言无瑕谪(zhé)②;善数不用筹策③,善闭无关楗(jiàn)④而不可开,善结无绳约而不可解。是以圣人常善救人,故无弃人;常善救物,故无弃物。是谓袭⑤明。故善人者,不善人之师;不善人者,善人之资⑥。不贵其师,不爱其资,虽智大迷,是谓要妙。

（《老子·第二十七章》）

聪明智慧

注释

①辙:车轮碾过的痕迹。②瑕谪:瑕,缺点,毛病。谪,责备。③筹策:古人记数、计算用的筹码。④关楗:闭门的横木和加锁的木闩。⑤袭:掩盖,含藏。⑥资:这里指善人所凭借的资财。

这段原文的意思是:善于行走者,不留下痕迹;善于说话者,没有缺陷;善于计算者,不用计算工具;善于关闭者,虽然没有上插梢,但别人却打不开门;善于捆缚者,没有绳索,却使人解不开。所以,圣人经常善于挽救人,所以人间没有被遗弃的人;经常善于物尽其用,所以世上没有被废弃的物品。这就是遵循道的法则的明智做法。所以善人可以作恶人的老师,不善的人也可以作为善人的借鉴。不尊重老师,不重视借鉴,就算是聪明的人也会迷失,这就是这样的道理精深微妙的关键所在。

道理

每个人都有自己的长处和优点,扬其长避其短,就能做到人尽其才。

6. 崇尚和平

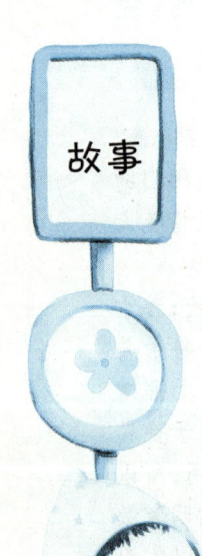

故事

齐国任用管仲为相，不仅把自己的国家治理得很好，而且还征服了周围许多诸侯小国，只剩下楚国不听齐国号令了。

齐国的几位大将纷纷向齐桓公请战，要求带兵攻打楚国，管仲听了连连摇头。他对大将们说："齐楚交战，两败俱伤，不仅要用完我们齐国的多年积蓄，而且齐、楚两国的百姓也将永无宁日。"大将军们哑口无言，等着管仲拿出好的主意。

一天，管仲带着一百多名商人到楚国去买鹿。当时鹿在其他国家都是稀有动物，仅仅楚国才有。但楚国人却只把鹿作为一般的可食动物，用很少的钱就可以买到一头。管仲派商人四处扬言，说齐桓公好养鹿，不惜重金收购鹿。

齐国商人开始购鹿，三枚铜币一头，过了十几天加价为五枚一头。楚成王和大臣们得知此事，很是高兴，认为齐国很快就要遭殃，齐桓公会像十年前的卫国国君好养鹤一样而丧失国家，他们楚国就可以坐得天下了。

管仲又把鹿价提高到四十枚铜币一头。楚人听说一头鹿能与千斤粮食价格相同，便纷纷制作猎具，奔向深山去捕鹿，不再种田，连楚国的官兵也带着武器偷偷上山打猎。

一年间，楚地大荒，土地无人耕种，铜币却堆成了山。后来楚国人没有了粮食，想用铜币买粮，却又无处可买。因为管仲早已发出命令，禁止任何诸侯国与楚国通商，不得卖粮食给楚国人。这样一来，楚国军队人饥马瘦毫无战斗力。楚成王无可奈何，忙派大臣去同齐国讲和，同意不再割据一方，保证接受齐国号令。

管仲不用一兵一卒，不动一刀一枪，就制服了本来非常强大的楚国。

原文

夫兵①者,不祥之器。物或恶②之,故有道者不处。君子③居则贵左,用兵则贵右。兵者,不祥之器,非君子之器,不得已而用之,恬淡④为上。胜而不美,而美之者,是乐杀人。夫乐杀人者,则不可以得志于天下矣。吉事⑤尚⑥左,凶事尚右。偏将军⑦居左,上将军居右,言以丧礼处之。杀人之众,以哀悲泣之,战胜,以丧礼处之。

（《老子·第三十一章》）

【聪明智慧】

注释

①兵:兵器,武器。②恶:讨厌。③君子:指德行兼备的人。④恬淡:安静,淡然。⑤吉事:古代指祭祀、冠笄、婚姻等事。⑥尚:崇尚。⑦偏将军:佐将。偏,辅佐。

这段原文的意思是:战争是坏事,是不吉祥的事,多数人都厌恶它,所以有道的人不赞成打仗,也不会走上战场。君子在居所待客,以左侧座位为尊贵,用兵打仗则以右侧座位为尊贵。战争是不吉祥的事,非君子应该从事的事情,如果君子要打仗,也是迫不得已才采取战争手段。在谈及战争问题时,要表现淡定,适可而止。打仗即使打胜,也不应歌颂它。歌颂战争的人,是喜欢杀人,而喜欢杀人,是不可能得到天下人的支持的。自古以来,我们民族的传统是:吉庆的事情,如婚嫁诞寿,以左侧席位为上座;凶悲的事情,如死伤病夭,以右侧席位为上座。因为战争是凶事,不吉,所以祖宗规定在军队中按丧事行礼:上将军尊贵,居右;偏将军地位低,居左。一场战争杀人盈野,惯例是以悲哀和眼泪悼念双方死亡的人。战争胜利了,要用丧礼的方式处理,不应该大规模庆贺,哀之、悼之,才能体现慈悲之心。

道理

战争是伤害全人类的行为,我们要反对战争,呼唤和平。

7. 尧帝治国

尧帝在位70年，开创了帝王禅让之先河，他认为儿子丹朱不成器，决定从民间选用贤良之才。

尧问四方诸侯首领："谁能担负起天子的重任？"四方诸侯首领说："有个单身汉，在民间，叫虞舜。"

于是，尧微服私访，来到历山一带，听说舜在田间耕地，便到了田间。只见一个青年身材魁伟，体阔神敏，正聚精会神地耕地，犁前驾着一头黑牛、一头黄牛。奇怪的是，这个青年从不用鞭打牛，而是在犁辕上挂一个簸箕，隔一会儿敲一下簸箕，吆喝一声。尧等舜犁到地头，便问："耕夫都用鞭打牛，你为何只敲簸箕不打牛？"舜见有老人问，拱手作揖答道："牛为人耕田出力流汗很辛苦，再用鞭打，于心何忍！我打簸箕，黑牛以为我打黄牛，黄牛以为我打黑牛，就都卖力拉犁了。"尧一听，觉得这个青年有智慧，又有善心，对牛尚且如此，对百姓会更有爱心，就决定把王位禅让给他。

尧帝不仅开明，而且十分注重节俭。尧帝治理天下的时候，国土南至交阯，北到幽州，东到太阳升起的地方，西到太阳落下的地方，地域辽阔，人口众多，资源丰富，没有人敢不臣服。他常常对臣子说："做王的一定要爱护百姓，勤俭节约，我们吃的、穿的都是老百姓辛苦劳作得来的，不能浪费。做王的如果吃喝用度无限，臣子就会效仿，这样老百姓就要受苦了。"因此，他在位期间，颁布了许多减轻百姓负担的法令，他自己带头示范。他喜爱的饮食，米饭不超过两种，肉汤不超过两道，用土做的碗盛饭，用土做的罐盛汤，用木瓢斟酒。无论上朝还是出巡的时候，礼节从简或不用。正因为尧帝体贴百姓，带头节俭，所以他才能称王天下，统管诸侯。

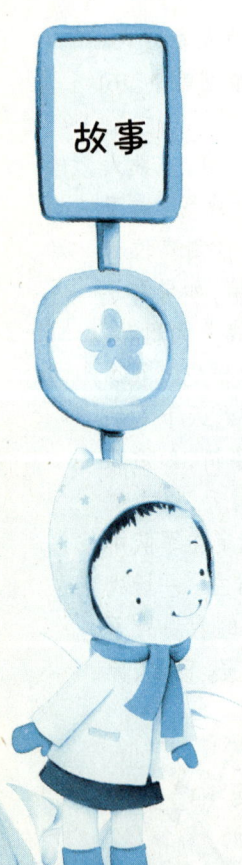

故事

原文

古者尧治天下,南抚交阯(zhǐ)①,北降幽都②,东、西至日所出、入,莫不宾服。逮至其厚爱,黍(shǔ)稷(jì)不二③,羹(gēng)胾(zì)④不重,饭于土塯(liú)⑤,啜(chuò)于土形⑥,斗以酌(zhuó)⑦,俯仰周旋,威仪之礼,圣王弗为。

（《墨子·节用（中）》）

聪明智慧

注释

①阯:地名,指南岭地区。②幽都:今河北一带。③黍稷不二:米饭没有两种。④羹胾不重:羹,肉汤。胾,大块的肉。⑤土塯:盛饭的瓦器。⑥啜于土形:啜,喝。土形即"土铏",古代盛羹的瓦器。⑦斗以酌:斗,古代酒器。酌,斟酒。

道理

尧帝开明、节俭、爱百姓,这样的人理应受到称颂,自然也会成为千古君王的楷模。

8. 贪念是祸

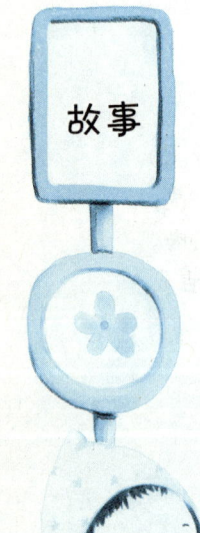

故事

听说齐桓公要建一座新宫，管子觉得太奢侈，便准备劝说他。但劝说齐桓公必须讲究方法，否则会弄巧成拙，引来杀身之祸的。

管子来到齐桓公面前，说："我的邻居是这么一个人，天天吃着精美的食物，但还是想去偷别人家里廉价的米糠。他穿着华美的衣服，却还惦记人家身上简陋的粗布衣服。"

齐桓公说："如果真的是这样，那这个人恐怕有偷窃癖吧？"

管子趁机说："土地生产财富，受时令的限制；百姓花费劳力，有疲倦的时候，但是人君的欲望则是无止境的。用'生财有时'的土地和'用力有倦'的百姓，来供养欲望无穷的君主，这中间若没有一个合理的限度的话，上下之间就会互相产生怨恨，于是臣杀其君、子杀其父的现象就难免发生了。"

齐桓公是个聪明的人，他马上明白了管子的意思。他知道自己讲不过管子，但又觉得管子是小题大做，于是满不在乎地说道："我们齐国的土地辽阔得很，我们的臣民有的是，何必那么约束自己呢？"

管子说："对百姓征收有度，耗费又有节制的，国家虽小也一定安宁；对百姓征收无度，耗费没有节制的，国家虽大也一定危亡。有土地而不开辟，等于不是自己的土地；有百姓而不治理，等于不是自己的百姓，贪念无穷便是祸啊。"

齐桓公被管子彻底说服了，他不好意思地说："我会约束好自己的。"

原文

地之生财有时①，民之用力有倦②，而人君之欲无穷③。以有时与有倦，养无穷之君，而度量④不生于其间，则上下相疾⑤也。是以臣有杀其君，子有杀其父者矣。

（《管子·权修》）

聪明智慧

注释

①有时：受时令的限制。②倦：疲倦。③无穷：无止境。④度量：合理的限度。⑤相疾：互相怨恨。

道理

欲望务必节制，否则便是祸乱的根源、败亡的导火索。

9. 晋文公论赏

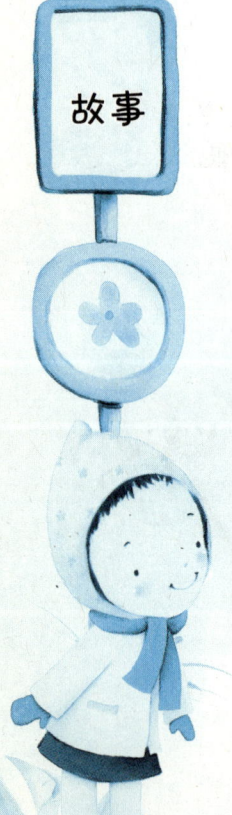

故事

晋文公自归国即位后，励精图治，任用贤能，国力大增，而后决定与楚国在一个叫城濮的地方交战。命令发布之后，举国上下积极准备，但这场战争到底怎么打，晋文公心里还是没底，想找几位谋士问问对策。

第一个召见的是舅犯。晋文公坐在书房的御椅上，用手拍打着桌面："我找你来，是想听听你对这次战争的想法。晋楚两国，形势很显然，敌众我寡，怎么打？"舅犯不假思索地说："我听说，讲究礼仪的君子，不嫌忠信多，但是在战场上，应该兵不厌诈，大王还是使用欺诈手段吧！"

第二个召见的是雍季。文公捧着茶杯喝了一口茶说："晋、楚大战在即，敌众我寡，你有什么好计策？"雍季略微思考了一会儿，说："大王听我分析，打猎的时候如果把树林烧光，当时能捕到很多野兽，但以后就捕不到野兽了。用欺诈的手段对待民众，能得到一时的利益，但以后怎么办？"文公高兴地一拍桌子："好！"

战斗一开始，文公就按照舅犯的计策使用欺诈的手段，楚军果然上当。战斗很快结束了，晋国获胜。文公大宴群臣，论功行赏。但晋文公却是先赏雍季而后赏舅犯。

群臣不解，问道："大王是用舅犯的谋略打败了楚国，怎么却后赏舅犯？"

晋文公说："你们只看到事情的表面，舅犯的计策只能在战争中暂时用一次，而雍季的主张在治理国家上却可以受用万年。对于一时利益的奖赏，怎能够高于百世之利的奖赏呢？"

原文

晋文公将与楚人战,召舅犯问之,曰:"吾将与楚人战,彼众我寡,为之奈何?"舅犯曰:"臣闻之,繁礼君子,不厌忠信;①战阵之间,不厌诈伪,君其诈之而已矣。"公因召雍(Yōng)季而问之,对曰:"焚(fén)林而田,偷取多兽,②后必无兽;以诈遇民,偷取一时,后必无复。"文公曰:"善。"

(《韩非子·难一》)

注释

①繁礼君子,不厌忠信:讲究礼仪的君子,不嫌忠信多。②焚林而田,偷取多兽:焚烧树林来打猎,能暂且多猎取些野兽。

道理

善于问策,善于纳谏,能够正确区分意见的价值,这是古代明君的智慧。

10. 庄子钓鱼

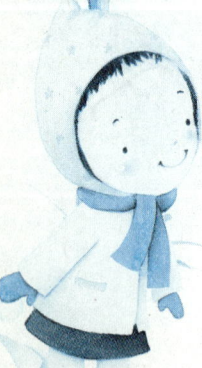

太阳慢慢升了起来,开始明亮地照耀大地,夜凉的轻寒渐渐淡了下去。朦胧中的濮水横在裸露的晨光里,沉默地任秋风拂起阵阵粼(lín)波。四周里静悄悄的,偶尔有一条鲤鱼甩甩尾巴,"哗啦"一个漩涡,又没了声息。

虽已深秋,河中的水草仍然生机勃勃,绿意盎然。淡泊和宁静,占据了这里所有的环境。

庄子沉默地坐在濮水之滨,眼睛直盯着水面上闲逸的浮子,不免让人想起七百多年前,在渭水边垂钓的八十老翁姜太公。但太公之意,不在鱼而在钓文王,庄子却不同。此时,他太需要一条鱼来充实一下自己的辘辘饥肠了。

饥饿的火花在庄子心里灼灼燃烧,希望的浮子在他面前的水面上微微跃动。庄子神经紧张地注视着水面上的动静,他的身后,是两位奉楚威王之命,来濮水邀请庄子出任楚国宰相的楚国使者,庄子似乎完全没有注意到——也许是无暇回首。楚国使者局促地静立在庄子身后,大约怕惊走了庄子钩旁的游鱼。

突然,庄子一声欢呼,一条金光灿灿的鲤鱼跃出水面,在他那细细的竿儿的带动下,上蹿下跳。

庄子持竿收鱼,"啪啦"一声,水面上有一团金光转瞬坠入水里。楚使吓了一跳,颤声道:"先生,这是……"

"鱼儿尚小,不足食矣,还是放其归水。"庄子挂饵抛钩,又仔细观察浮漂。

楚国使者见庄子只顾自己垂钓,只好硬着头皮对庄子说:"我国国王先派我们俩到您这里来,想将国内事务托付给您啊!"。

庄子慢悠悠地问道:"我听说楚国有只神龟,死了三年,楚王用锦缎包好放在竹匣中,珍藏在宗庙的堂上。这只龟是宁愿死去留下骨头显示尊贵呢?还是愿意拖着尾巴在泥水里自由自在地活着?"

楚国使者略作迟疑,说:"宁愿拖着尾巴在水中活着。"

庄子说:"那就好,我也只想拖着尾巴在泥水里自由自在地游玩。"

两位楚国使者听了,只好无可奈何地回去向楚王复命去了。

聪明智慧

原文

庄子钓于濮(Pú)水①,楚王使大夫二人往先焉,曰:"愿以境内累②矣!"

庄子持竿不顾③,曰:"吾闻楚有神龟,死已三千岁矣,王以巾笥(sì)而藏之庙堂之上。此龟者,宁其死为留骨而贵乎?宁其生而曳(yè)尾于涂中④乎?"

二大夫曰:"宁生而曳尾涂中。"

庄子曰:"往矣⑤!吾将曳尾于涂中。"

(《庄子·秋水》)

注释

①濮水:在山东濮县南。②累:劳累。③顾:回头看。④涂中:泥中。⑤往矣:走吧。

道理　人生不要单纯被名利所累,按照自己喜欢的方式去生活和工作才是最重要的。

六、坚毅顽强

JIANYIWANQIANG
CHUDUGUOXUE

1. 拒绝王位
2. 以柔克刚
3. 搏牛之虻
4. 百年树人
5. 相濡以沫
6. 不求圆满

1. 拒绝王位

白公胜,楚国被废的太子建的儿子,楚平王的孙子。太子建被郑人犯乱杀死后,白公胜仓惶逃到了吴国,公元前487年被惠王召回国。回国后,白公胜礼贤下士,采取了一系列争取民心的措施,为夺取王位打下了基础。

三年后,白公胜发动兵变,杀死令尹子西、司马子朝,劫持楚惠王做人质。政变成功后,和他一同起事的将士们说:"您委屈自己很久了,今天终于扬眉吐气了,不如选个吉日登基为王。"白公胜摇摇头说:"凡事名不正则言不顺,还是找个有背景的来搪塞一阵,安定民心,时机成熟再取而代之。"于是,他想起了老相国的后人王子闾,急忙派人抓来王子闾,用带钩的斧头钩住他的腰,用剑对着他的心窝,威胁他说:"王子闾,今天你答应做楚王,你就能保全性命,否则我就杀死你。"王子闾面不改色,说:"我王家前辈在楚国做相国,帮助楚王治理天下,受到了楚王的信任。今天你为臣不忠,发动叛乱,劫持楚王,祸害国家,我就是死也不会答应你的要求。"白公胜说:"楚国是天下很重要的国家,要你做楚王这是上天的安排,你为什么不接受?"王子闾说:"你这是侮辱我啊!杀掉我的亲人,用楚国王位来威胁我。即使我得到天下,若不符合道义的原则,我也不会去做的,又何况是个楚国呢?"

白公胜心里佩服王子闾的勇气仁义,但还是杀死了王子闾。

坚毅顽强

原文

昔白公之祸,执王子闾(lú),斧钺(yuè)钩要(yāo)①,直兵当心②,谓之曰:"为王则生,不为王则死!"王子闾曰:"何其侮我也!杀我亲,而喜(xǐ)③我以楚国。我得天下而不义,不为也,又况于楚国乎?"遂(suì)(死)而不为。

(《墨子·鲁问》)

注释

①斧钺钩要:用斧钺钩住他的腰。要:通"腰"。②直兵当心:用剑矛对着他的心窝。③喜:即"嬉",捉弄。

道理

坚持道义,威武不屈,富贵不淫,这是做人的骨气。

2. 以柔克刚

故事

相传老子的老师名叫常枞(cōng)。一天,常枞病了,老子去看望他,同时请求老师赐予教诲:"先生,难道您没有什么话要留给弟子吗?"

常枞听老子问起,便说:"你就是不问我,我也要告诉你一些话的。"老子一听,便挺直腰板,说:"愿先生教我。"

常枞说道:"我先问你,经过故乡要下车步行,你知道这里面的道理吗?"老子回答说:"我知道。经过故乡要下车步行,不就是说不要忘记过去吗?"

常枞听到老子的回答,说:"你回答得对。我再问你,经过乔木的下面要快步走,你知道这里面的道理吗?"老子回答说:"经过乔木的下面要快步走,不就是说要敬重年长者吗?"

"你又回答对了。"常枞说着,将口张开,指着口腔,向老子说道,"你看,我的舌头还在吗?"老子回答说:"舌头还在。""我的牙齿还在吗?"老子回答说:"您的牙齿都掉光了,没有了。"常枞便对老子说:"你知道其中的道理吗?"老子突然明白了老师要讲什么,便恭恭敬敬地回答说:"我明白了,您要说的就是舌头还在,不就是因为它是柔软的吗?牙齿没有了,不就是因为它刚强的缘故吗?柔弱的东西比刚强的东西更长久,生命力更强大。"

常枞见老子领悟得如此迅速,非常高兴。他对老子说道:"你讲得非常对。天下的事理都在这里面了,我再也没有什么可以告诉你的了。"

是啊,天下最柔弱的东西,能在天下极坚硬的东西里驰骋。一些貌似柔弱的东西,往往更坚韧,更能适应环境的变化,就像飓风可以轻易卷走大树却奈何不了小草一样。

坚毅顽强

原文

天下之至①柔,驰骋天下之至坚。无有②入无间③,吾是以知无为之有益。不言之教,无为之益,天下希及之④。

（《老子·第四十三章》）

注释

①至:极。②无有:没有。③间:夹缝,间隙。④希及之:没有什么比得上他们。

道理

四两能拨千斤。遇事懂得以柔克刚,是大智慧者的表现。

3. 搏牛之虻

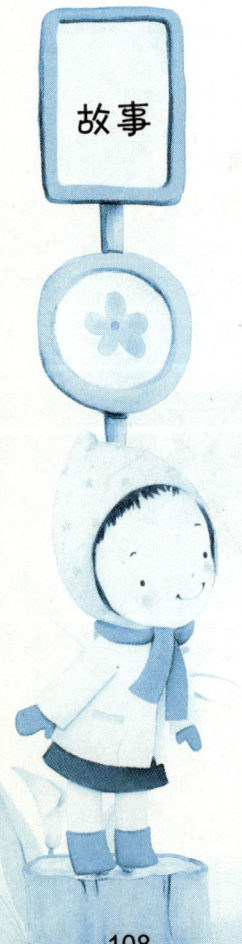

故事

楚怀王召见宋义,跟他商计军中大事,言谈之中非常欣赏他,因而任命他为上将军,项羽任次将,范增任末将,去援救赵国,其他各路将领都隶属于宋义,号称"卿子冠军"。

不久,大军进发抵达安阳,停留了46天不向前进军。项羽说:"我听说秦军把赵王包围在巨鹿城内,我们应该赶快率兵渡过黄河,楚军从外面攻打,赵军在里面接应,打垮秦军是确定无疑的。"宋义说:"我认为并非如此。能叮咬大牛的牛虻却损伤不了小小的虮虱,如今秦国攻打赵国,打胜了,士卒也会疲惫,我们就可以利用他们的疲惫;打不胜,我们就率领部队擂鼓西进,一定能歼灭秦军。所以,现在不如先让秦、赵两方相斗。若论披坚甲执锐兵,勇战前线,我宋义比不上您;若论坐于军帐,运筹决策,您比不上我宋义。"于是他通令全军:"凶猛如虎,违逆如羊,贪婪如狼,倔强不听指挥的,一律斩杀。"当时天气寒冷,下着大雨,士卒一个个又冷又饿。项羽对将士们说:"我们大家是想齐心合力攻打秦军,他却久久停留不向前进。如今正赶上荒年,百姓贫困,将士们吃的是芋艿掺豆子,军中没有存粮,他竟然置备酒筵,大会宾客,不率领部队渡河去从赵国取得粮食,跟赵合力攻秦,却说'利用秦军的疲惫'。凭着秦国那样强大去攻打刚刚建起的赵国,那形势必定是秦国攻占赵国。赵国被攻占,秦国就更加强大,到那时,还谈得上什么利用秦国的疲惫?再说,我们的军队刚刚打了败仗,怀王坐不安席,集中了境内全部兵卒粮饷交给上将军一个人,国家的安危,就在此一举了。可是上将军既不体恤士卒,也不为国家着想,不是国家真正的贤良之臣。"

第二天一早,项羽去参见上将军宋义,就在军帐中斩下了他的头,出来向军中发令说:"宋义和齐国同谋反楚,楚王密令我处死他。"这时候,将领们都畏服项羽,没有谁敢抗拒,都说:"首先把楚国扶立起来的,是项将军家,如今又是将军诛灭了叛乱之臣。"于是大家一起拥立项羽为代理上将军。项羽派桓楚去向楚怀王报告,楚怀王无奈,只好让项羽作了上将军。

坚毅顽强

原文

行至安阳,留四十六日不进。项羽曰:"吾闻秦军围赵王巨鹿,疾引兵渡河,楚击其外,赵应其内,破秦军必矣。"宋义曰:"不然。夫搏牛之虻(méng)不可以破虮虱(jǐshī)①。今秦攻赵,战胜则兵罢②,我承其敝;不胜,则我引兵鼓行而西,必举③秦矣。故不如先斗秦赵。夫被(pī)坚执锐④,义不如公;坐而运策,公不如义。"

(《史记·项羽本纪》)

注释

①搏牛之虻不可以破虮虱:能够叮咬大牛的牛虻并不能破牛身上小小的虱子,比喻巨鹿城虽小,但很坚固,秦兵不能马上攻破它。搏,抓取,这里指叮咬。虻,牛虻。虮,虱卵。②罢:通"疲"。③举:攻取,占领。④被坚执锐:被,通"披"。坚,指坚甲。锐,指锐利的兵器。

道理

命运只帮助拼搏进取的人。顽强的拼搏,勇敢的尝试,是成功的一半。

4. 百年树人

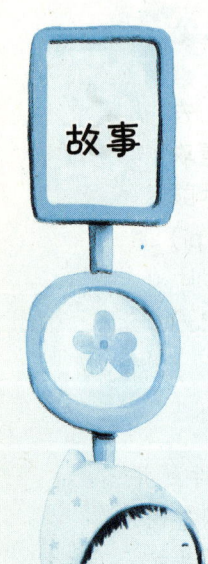

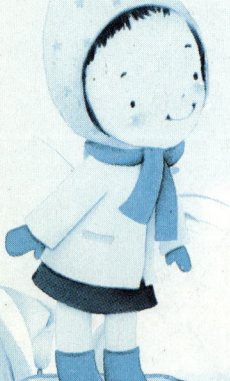

有一天，齐桓公听说选拔官员的杨三做了违法乱纪的事，勃然大怒，立即派人查办此事。开始时,他还念及君臣之情，只是惩办了杨三的手下(因此受株连的有一百多人)，以为这样可以使杨三有所收敛。谁知杨三恶习难改，依然我行我素，公开卖官买官。齐桓公见杨三如此目无法纪，再也无法容忍了。他深刻地认识到，如果再对杨三庇护宽大，就会有更多的人才被埋没，甚至危及齐国的长治久安。于是，齐桓公断然下令削去杨三的官职，先将其软禁起来，再依法惩处。

这件事在朝中引起很大的震动，一些大臣向齐桓公进谏说："杨三的功劳很大，现在只不过是多收了人家的钱财，算不了什么大错，教育教育也就算了，还是恢复他的官职吧！"

齐桓公说："如果作一年的打算，最好是种植五谷；如果作十年的打算，最好是种植树木；如果作终身的打算，最好是培育人才。种谷，是一种一收；种树，是一种十收；培育人才，则是一种百收的事情。如果我们注重培育人才，其效果将是神奇的，而如此举事收得神效，只有王者之门才能够做到。杨三身为选拔人才的官员，却不能行使国家赋予的责任，如此污吏岂不是毁我人才吗？"

见齐桓公脸上显出愤怒的样子，大臣们也不敢劝谏了。不久，杨三被杀。后来，齐桓公重视人才培养的消息传了出去，许多有识之士纷纷投奔齐国。

坚毅顽强

原文

一年之计①,莫如树谷②;十年之计,莫如树木;终身之计,莫如树人。一树一获者,谷也;一树十获者,木也;一树百获者,人也。我苟(gǒu)③种之,如神用之,举事如神,唯王之门。

（《管子·权修》）

注释

①计:打算。②树谷:种植谷物。③苟:如果。

道理

培养人才是百年大计,它关乎一个国家的兴盛。

5. 相濡以沫

在一眼静静的泉水里,生活着一条美丽的小金鱼。她的生活和她生存的水儿一样波澜不惊、了无生趣。

一天,来了条小黑鱼,小金鱼问小黑鱼:"你是谁?你为什么来到这里?"

"我是谁并不重要,重要的是我喜欢上了你……"小黑鱼回答说。

小金鱼感觉出小黑鱼很真诚善良,问道:"你认为我漂亮吗?"她以飘逸的舞姿摇摆着自己的尾巴,有些羞涩。

小黑鱼说:"你是我生命里遇到的最美丽的鱼儿……"

小金鱼欢快地在水里打了个卷儿,从此她的生命里有了欢畅和愉悦。

小金鱼认定自己的眼光,她觉得小黑鱼虽然没有原来陪伴她的伙伴漂亮,但小黑鱼具备的真诚和坦荡,是原来所有鱼儿不具备的品质,她庆幸自己结识了小黑鱼。

从此她们的生活多姿多彩,小金鱼静静徜徉在小黑鱼的身边,听小黑鱼给她讲那万年流芳的爱情故事……小黑鱼看见小金鱼嬉戏在自己的怀抱里,心里也乐开了花。小金鱼找到了自己的快乐,她相信自己的生活从此不会再寂寞,她明白真正能带给自己快乐的,往往是在你想象不到的那个人身上发生……

有一天,小金鱼飞快地游到小黑鱼耳边,问:"你真的喜欢我吗?"

小黑鱼憨憨地一笑,接着很果断地点点头,小金鱼羞红了脸。

小黑鱼大胆地问小金鱼:"你会离开我吗?"小金鱼安慰说:

"如果有一天你看见我流下眼泪,闭上眼睛,我将会离开你,那一天也许我不再陪伴在你身旁。"

小黑鱼想了想:金鱼生活在水里,我永远看不见她流泪,也许到死都不会闭上眼睛,所以她永远不会离开我……"水听到她俩的对话后掀起一波一波的涟漪(liányī)。

灾难终于在夏天来临了,天气酷热,泉水干涸了。小金鱼与小黑鱼困在陆地上相互依偎,互相大口出气来取得一点湿气,用唾沫相互润湿。小金鱼要死了,小黑鱼也支持不下去了,他们流下了伤心的眼泪。小黑鱼悲哀地对小金鱼说:"不如将我们过去在江湖里的生活彻底忘记吧。记住我们的爱!"

原文

泉涸(hé),鱼相与处于陆,相呴(xū)以湿,相濡(rú)以沫,不如相忘于江湖。

(《庄子·大宗师》)

注释

涸:水干。呴:张口出气。濡:沾湿的意思。沫:唾沫,即口水。

道理

越是困难的环境,越要竭尽所能地互相帮助,同心协力地渡过难关。

6. 不求圆满

有一个人在社会上总是不得意,便有人让他去找智者。

他找到智者,提出了自己的困惑。智者沉思良久,舀(yǎo)起一瓢水,问:"这水是什么形状?"这人摇头:"水哪有什么形状?"智者不答,只是把水倒入杯子,这人恍(huǎng)然大悟似的说:"我知道了,水的形状像杯子。"智者没有回答,又把杯子中的水倒入旁边的花瓶,这人又说:"我知道了,水的形状像花瓶。"智者摇头,轻轻提起花瓶,把水轻轻倒入一个盛(chéng)满沙土的盆,清清的水便一下融(róng)入沙土不见了。这人陷入了沉思。智者俯身抓起一把沙土,叹道:"看,水就这么消逝了,这也是一生!"

这个人对智者的话咀嚼(jǔjué)良久,高兴地说:"我知道了,您是通过水告诉我,社会处处像一个个不同形状的容器,人应该像水一样,盛进什么容器就是什么形状。而且,人还极可能在一个容器中消逝,就像这水一样,消逝得无影无踪。"

"是这样,又不是这样!"智者说。说着,智者在屋檐(yán)下蹲下身,用手在青石板的台阶上摸了一会儿,然后停住。这人把手指也伸向智者手指所触之地,他感到有一个凹(āo)处。

智者说:"一到雨天,雨水就会从屋檐落下,看,这个凹处就是水落下长期打击造成的结果。"此人于是大悟:"我明白了,人可能被装入不同形状的容器,但又像这小小的水滴,可以改变着坚硬的青石板,直到打破这些形状。"智者说:"对,这个石坑还可能会变成一个洞!"这个人答:"那么,我找到答案了!"

这人离开了智者,重新回到了社会,这世间又多了一个充满活力的人。

原文

坚毅顽强

古之善为士者,微妙玄(xuán)通①,深不可识②。夫唯不可识,故强为之容③。豫(yù)焉!若冬涉川;犹兮!若畏四邻;俨(yǎn)兮!其若客;涣(huàn)兮!其若凌释④;敦(dūn)兮!其若朴;旷(kuàng)兮!其若谷;混(hùn)兮!其若浊;澹(dàn)⑤兮!其若海;飂(liú)⑥兮,若无止。孰(shú)能浊以静之徐清?孰能安以动之徐生?保此道者,不欲盈。夫唯不盈,故能敝(bì)⑦不新成。

《老子·第十五章》

注释

①通:通达,学识渊博。②识:记述,认识。③容:形容,描述。④凌释:凌,冰。释,融解。⑤澹:淡泊沉静的样子。⑥飂:高远飘浮的样子。⑦敝:坏,破旧。

这段原文的意思是:古代那些善于按照道的要求做事的人,其做事细微巧妙,说话深刻通透,真是深刻到了一般人无法认识的地步。由于深不可识,所以只好勉强来形容他们:其做事的谨慎程度好像冬天过江,不敢有一丝疏忽;采取行动的时候思虑再三,好像生怕侵犯四邻的利益;对待任何人都是恭恭敬敬,如同到对方家里作客,讲究礼仪无所不到;个人行为潇洒飘逸,那么自如,那么合理;道德淳朴,好像未经加工、雕琢的材料,似乎没有受到社会的影响;生性旷达,心胸开阔,就像是空旷的山谷;"大智若愚"、"大清若浊",在关涉个人利益的问题上,他们似乎不那么精明,敦厚得好像混沌不清。谁能以静制动,让混浊的水慢慢沉淀、渐渐清澈呢?谁能够采取妥善的方法处理重大社会问题?保守此道的人,做事不会超越度的限制,也就是不满盈。唯有不满盈,才能使旧的社会逐渐发展变化成新的社会。

道理

我们每个人对于社会,犹似一滴水,要像水适应容器一样适应社会,又要具备滴水穿石的恒心与毅力,只有这样才能有所作为。

七、宽厚仁爱

KUANHOURENAI
CHUDUGUOXUE

1. 与邻为友
2. 网开一面
3. 蛟龙得水
4. 取胜不逞强
5. 无视诋毁
6. 刎颈之交
7. 良禽择木而栖
8. 宁为泽雉

1. 与邻为友

故事

尧统治时期，疆域广阔，国泰民安。当时与之鼎立的还有三个较小的国家，它们是宗、脍、胥敖。尧一直想征伐它们，统一天下，但尧又担心天下人指责，怕落个恃(shì)强凌弱的坏名声。因此，他犹豫不决。

有一天，尧上朝，他对文武百官说："我想征伐宗、脍、胥敖三个小国，每当上朝理事总是心绪不宁，是什么原因呢？"左右或面面相觑(qù)，或极力支持讨伐，尧很失望。

良久，尧将脸转向舜，舜心里知道，尧是想听听自己的看法。他不假思索地说："那三个小国的国君，就像生存于蓬蒿、艾草之中，不值得我们害怕。"

尧急忙辩解说："我哪里是怕它们呀。"

舜故意问道："那您总是耿(gěng)耿于怀，心神不宁，为什么呢？"

尧沉默。

舜接着又问："您是担心那三个小国超过我们而危及国家的安全吗？"

尧再次辩解："也不是。"

舜又问："那您一定是担心别人遮住了自己的光芒。有个可以共同照耀的朋友，岂(qǐ)不是好事吗？人常说，与其多一个敌人，不如多交一个朋友。"

尧紧锁的眉头舒展开来，惊喜地说："你讲到我的心窝里了。"

舜又说："过去十个太阳一块儿升起，万物都在阳光普照之下，何况您崇高的德行又远远超过了太阳的光亮呢！"

尧心里一亮:"先生所言极是!我不能因为别人的光芒,就想除之而后快。我是被嫉妒心冲昏了头脑啊!"

于是,尧放弃了征伐宗、脍、胥敖的计划,并与这三个小国结为友好邻邦。

《宽厚仁爱》

原文

故昔者尧(Yáo)问于舜(Shùn)曰:"我欲伐宗、脍(Kuài)、胥敖(Xūáo)①,南面②而不释(shì)然③,其故何也?"舜曰:"夫三子者④,犹存乎蓬(péng)艾(ài)之间⑤。若⑥不释然,何哉?昔者十日并出⑦,万物皆照,而况德之进⑧乎日者乎!"

(《庄子·齐物论》)

注释

①宗、脍、胥敖:三个小国国名。②南面:君主临朝。古代帝王上朝理事总是坐北朝南。③释然:不耿介于怀的样子。一说"释"通作"怿",喜悦的意思。④三子者:指上述三国的国君。⑤蓬艾:两种草名。存乎蓬艾之间:比喻国微君卑,不足与之计较。⑥若:你。⑦十日并出:指古代寓言中十个太阳一并出来的故事,庄子借此比喻阳光普照到每一个地方。⑧进:进了一步,指超过、胜过的意思。

道理

追求和谐是硬道理,友谊、尊重和共同发展应该是社会的总方向。

2. 网开一面

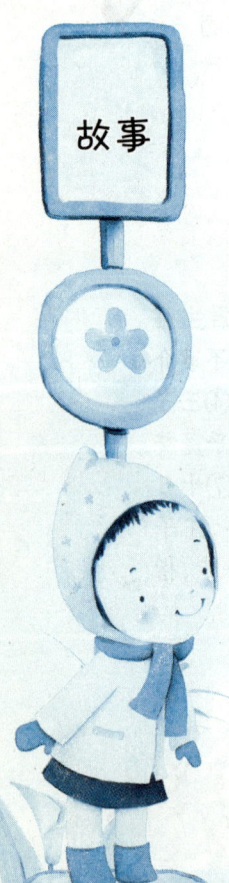

夏朝从禹开始,经过15代君王,传到了夏桀(jié)。夏桀荒淫无道,引起百姓的不满和怨恨,商的首领汤看到这一切,就想以仁厚收揽人心,争取人民的支持,推翻夏桀的统治。

有一天,商汤出门散步,在路上遇到一位捕鸟人,只见他在地上张开四面大网,口中念念有词地说:"不论是天上飞的,还是地上跑的,快都到我的网里来吧。"

商汤连忙走了过去,对捕鸟人说:"哎呀,太残忍了,你这么做可不行啊!四面张网,岂不要把鸟儿捕尽杀绝吗?"

捕鸟人说:"你是大人,你怎么说就怎么办吧。"

商汤说:"把网撤去三面,留下一面就行了。"并小声祷(dǎo)告:"鸟儿啊,你们能向天上飞的就飞吧,能从地上跑的就跑吧,实在不能飞也不能跑的就到我网里来吧。"

诸侯和部落首领们听说了此事,纷纷说:"商汤是一个好君王,他对飞禽尚且如此仁慈,对人肯定更加仁爱。"很快,40个氏族部落先后归顺于他,都衷心拥护他,后来帮助他推翻夏王朝,建立了商朝政权。

宽厚仁爱

原文

汤出，见野张网四面，祝①曰："自天下四方皆入吾网。"汤曰："嘻，尽之矣！"乃去其三面，祝曰："欲左②，左。欲右，右。不用命③，乃入吾网。"诸侯闻之，曰："汤德至矣，及禽兽。"

（《史记·殷本纪》）

注释

①祝：祷告。②欲左，左：意思是愿意往左的，就向左走。③用命：从命。

道理

想成就大事者，不能没有善良的品德，也不能没有慈善的情怀。

3. 蛟龙得水

故事

一天,天朗气清,微风习习,正是打猎的好时机。吃罢早饭,齐桓公带着一批人马冲出宫门,只见大道上尘土飞扬……

在深山里追了一上午,人困马乏,饥肠辘(lù)辘。走着走着,刚巧前面有一个酒楼,于是君臣歇马,直奔酒楼。

楼内吃客见官家打扮的人驾到,猜测来头一定不小,纷纷躲避,退出酒楼。让齐桓公奇怪的是,楼内一位老者却纹丝不动,照样吃他的菜,喝他的酒。手下人大喝:"大胆刁民,大王来了,还不滚开!"正准备拉扯老者,将他赶出酒楼,齐桓公却制止了部下的行为,他想眼前可能是位高人。想到这,他很礼貌地请老者一起饮酒,老者也不答谢。

吃饱了,喝足了,老者抹了抹嘴,这才对齐桓公施礼:"卑贱之人,让大王宽之至此,实在是想成就大王'蛟(jiāo)龙'之名也。"

齐桓公看老者似乎还有什么话说,再次请老者落座。

酒过几巡后,老者说:"蛟龙,是水虫当中的神灵。有了水,神就立;失去水,神就灭。大王,您是天下最有权威的人,但只有得到百姓拥护才能具有真正的权威。今日草民与大王饮酒,天下皆知,必说大王是一位惜'水'的君王。蛟龙得水,岂不飞天?"

齐桓公闻听此言,赶忙施礼说:"感谢'水'的情谊。"

告别老者,部下有点茫然,齐桓公解释说:"失去百姓,权威就消失。蛟龙得水而后才有神灵,君主得百姓拥护而后才会有权威。因此说,蛟龙得水而神可立也。"

宽厚仁爱

原文

蛟龙,水虫之神者也。乘于水则神立,失于水则神废。人主①,天下之有威者也。得民则威立,失民则威废。蛟龙待得水而后立其神②,人主待得民③而后成其威。故曰:"蛟龙得水而神可立也。"

（《管子·形势》）

注释

①人主:君主。②神:神灵。③待得民:得到百姓拥护。

道理

顺民心者,人民就会拥戴你;逆民心者,人民就会远离你。

4. 取胜不逞强

一天,魏武侯与李克一起聊天。

魏武侯问道:"吴国那么强大,为什么会这么快就灭亡了呢?这其中有什么道理吗?"

李克回答说:"吴国灭亡,是因为它在每次战争中都取得胜利。"

魏武侯听了,感到很奇怪,接着问道:"每次战争都取得胜利,这是国家的福气,国家应该更加强大才对啊!可你却说吴国偏偏因为这个原因而灭亡了,这是什么道理呢?"

李克说:"正是因为每次战争都取得胜利,吴国才会灭亡。因为常常打仗,就会让军队和老百姓疲于奔命,而屡次胜利就会使得君主骄傲自满。骄傲自满的君主,又会常常驱使老百姓继续疲于奔命,这样的国家如果不灭亡,那才是天下少有的现象呢!君主骄傲自满,就会更加恣(zì)意妄(wàng)为,这样,他就会想尽一切办法去掠(lüè)夺财物,而百姓疲于奔命就会心怀怨恨,心怀怨恨就不能安心生产,这样,难免就会想尽一切办法去谋反。从君主到普通的百姓都走上了极端的道路,吴国灭亡还算是晚的了。吴王夫差就是因为这个才败在越王勾践手下,自杀身亡的。"

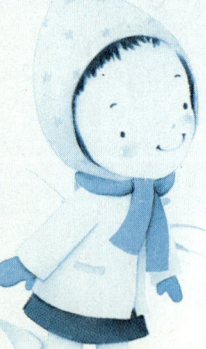

魏武侯说:"有道理!屡(lǚ)战屡胜怎样才能不导致灭亡呢?"

李克说:"善于用兵的,只要取得成功就罢了,不会以武力逞强。取得成功不要自以为有才能,不要自我夸耀(yào),不要骄傲,骄傲就必定会走向衰亡。"

是啊,治国用兵如此,为人处世同样也是这个道理,不要争强好胜,争强好胜必然会自取灭亡。

原文

以道佐(zuǒ)人主者,不以兵强①天下,其事好还②。师之所处,荆棘(jīngjí)生焉。大军之后,必有凶年。善有果③而已,不敢以取强。果而勿矜(jīn)④,果而勿伐⑤,果而勿骄,果而不得已⑥,果而勿强。物壮则老,是谓(wèi)不道,不道早已⑦。

（《老子·第三十章》）

宽厚仁爱

注释

①强:逞强。②还:返回,这里指还报。③果:果实,成果,这里指取得成果,达到目的。④矜:得意,自夸。⑤伐:夸耀。⑥已:止,完,结束。⑦早已:早亡。

原文中"果而勿矜,果而勿伐,果而勿骄,果而不得已,果而勿强。"的意思是:达到目的却不得意,达到目的也不夸耀,达到目的也不骄傲,达到目的却是出于不得已,达到目的却不逞强。

道理

为人处世,不能过分争强好胜,傲慢逞强必然会自取灭亡。

5. 无视诋毁

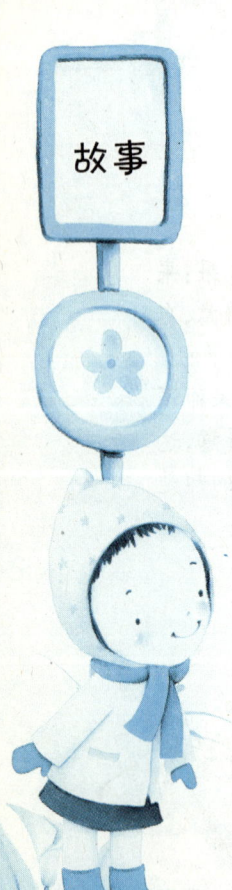

故事

告子是战国时期一个具有名气和争议的神秘人物，擅(shàn)长论辩，语言犀(xī)利。

一天，墨子正坐在书房里看书，几个学生敲门进来，作揖之后站在墨子面前，一个个气呼呼的。墨子放下书本，笑着问："各位弟子一脸怒气，发生了什么大事？"一个弟子挥着拳头说："老师你还坐得住，我们都气坏了。我们听人说告子在背后说您坏话，说老师您嘴上讲仁义道德，但在行为上却不一致，甚至很坏。希望您以后不要和告子这种人往来，疏远他。"另一个弟子接着说："早晨，我听了这话之后饭都吃不下。先生平日里和告子关系很密切，往常在一起谈论世事，告子死不服输，先生一般先主动退出，处处让着告子，告子却在背后坏您的名声，我也希望您不要和这种人来往。"听了弟子们的诉说，墨子一脸凝重："多谢各位弟子对我的敬重。我和告子在理论上确实有很多不同之处，但这不能影响我们之间的关系。理不辩不明嘛！真理是辩出来的，我们不妨分析一下所谓的告子说我的坏话。告子说我讲仁义，说明他已承认我的为人，用称誉我的言语来诋毁(dǐhuǐ)我的行为，这比什么坏话都没有说还强。"说到这里，墨子换了一种语重心长的语气："对于别人的言语议论，听到后要做仔细分析，不能见风就是雨，都安心学习去吧！"

几个弟子再次作揖，心服口服地离开了墨子的书房。

原文

二三子复于墨子曰:"告子曰:'(墨子)言义而行甚恶。'请弃之。"子墨子曰:"不可。称我言以毁我行①,愈(yù)于亡②。"

（《墨子·公孟》）

注释

①称我言以毁我行：用称颂我的话来毁谤我的行为。②亡：无。

道理

遭遇非议时,关键是身正不怕影子歪,对流言可采取包容和冷静审视的态度。

宽厚仁爱

6. 刎颈之交

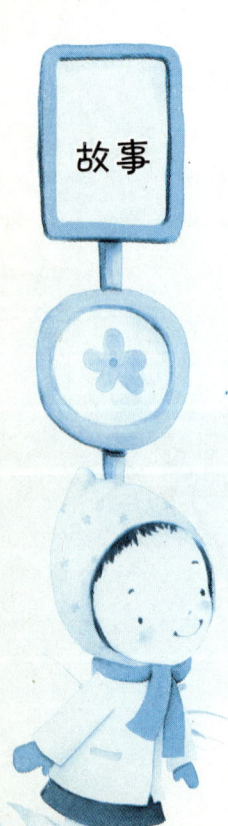

战国时代,赵国有蔺相如和廉颇两个贤臣。

蔺相如因为在与秦国的两次外交攻防战中,凭借着勇气与机智使赵国处于不败之地,所以升任为上卿。朝廷朝会时,他的位置还在大将军廉颇之上,廉颇因而十分不满。他认为自己一直以来在战场上出生入死,屡屡建功,而蔺相如只不过是逞口舌之能,便从一个出身卑(bēi)贱的门客高升至上卿,实在让人无法忍受。廉颇于是宣称:一定要找机会羞辱蔺相如。

蔺相如听说了以后,便刻意回避廉颇,常常以生病为由不出席朝会。在路上远远地看到廉颇,他也要车夫先把车躲到一边。结果,大家都认为蔺相如畏惧廉颇,廉颇因此十分得意。

蔺相如虽然不介意,但他的门客、亲信却对他怯懦(qiènuò)的行为感到不满,引以为耻,纷纷想离去。这时蔺相如才解释说:"我敢公然地在朝廷上叱责秦王和羞辱他的臣子,又怎么会怕廉将军呢?只是想到秦国之所以至今不敢出兵攻打赵国,是因为对我们两个人有所顾忌。如果我们互相争斗,有任何一方伤亡,都可能会使国家招致兵祸。国家的安危当然重于私人的恩怨,所以我才会不断地忍让啊!"

后来,这番话传到廉颇耳中,让他觉得非常惭愧,于是脱了上衣,背负着荆条,亲自到蔺相如家认错,请求原谅。宽宏大量的蔺相如并不怪罪他,反而与他结交,两人从此成为生死与共的好朋友。

原文

宽厚仁爱

相如出,望见廉颇(Liánpō),相如引车避匿(nì),于是舍(shè)人相与谏(jiàn)曰:"臣所以去亲戚而事君者,从慕君之高义也。今君与廉颇同列,廉君宣恶言,而君畏匿之,恐惧殊甚,且庸人尚羞之,况于将相乎?臣等不肖,请辞去。"蔺(Lìn)相如固①止之,曰:"公之视廉将军孰(shú)②与秦王?"曰:"不若也。"相如曰:"夫以秦王之威,而相如廷叱(chì)之,辱其群臣,相如虽驽(nú),独畏廉将军哉!顾③吾念之,强秦之所以不加兵于赵者,徒④以吾两人在也。今两虎共斗,其势不俱生。吾所以为此者,以先国家之急而后私雠(chóu)也。"廉颇闻之,肉袒(tǎn)负荆,因⑤宾客至蔺相如门谢罪,曰:"鄙(bǐ)贱之人,不知将军宽之至此也。"卒相与欢,为刎颈之交。

(《史记·廉颇蔺相如列传》)

注释

①固:坚决。②孰:谁。③顾:但是。④徒:只是。⑤因:通过。

道理

在国家利益面前,个人的得失就显得微乎其微。

7. 良禽择木而栖

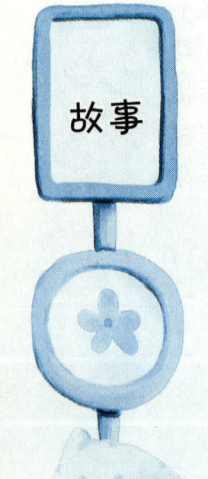

惠子在梁国做宰相,庄子前往梁国游玩。有人对惠子说:"庄子来梁国,是想取代你做宰相。"于是惠子恐慌起来,在都城内四处搜寻庄子,可整整三天三夜也没有见到庄子的影子。

第四天早晨,惠子正在家中发愁,忽然仆人前来报告:"门外有一个自称是庄子的人求见。"

惠子没有料到庄子会主动送上门来,心想决不能放跑他。于是,惠子在客厅外安排了一批刀斧手,准备见机行事。

一切安排妥当后,惠子才假惺(xīng)惺地把庄子请进客厅。惠子说:"先生来得正好,我四处找您,就是想把宰相的位置让给您呀。"

说完,惠子偷偷地看了看庄子的表情,却见他并无一点喜悦之色。

庄子捋(lǚ)了捋胡须,呵呵一笑说:"南方有一种鸟,它的名字叫鹓,你知道吗?"

"没有听说过。"惠子一脸的纳闷,想看看庄子葫芦里到底卖的是什么药,于是说:"请您说给我听听吧。"

庄子说:"鹓从南海出发飞到北海,不是梧桐树它不会停息,不是竹子的果实它不会进食,不是甘美的泉水它不会饮用。有一次,一只鹞(yào)鹰寻觅到一只腐烂了的老鼠,鹓刚巧从空中飞过,鹞鹰抬头看着鹓,发出一声怒吼:嚇!如今你也想用你的梁国来怒叱我吗?"

惠子听完十分惭愧,红着脸说:"卑贱之人,不知先生胸怀如此宽阔。"

从此,惠子与庄子成了无话不说的好朋友。

宽厚仁爱

原文

惠子相梁,庄子往见之。或谓惠子曰:"庄子来,欲代子相。"于是惠子恐,搜于国①中三日三夜。

庄子往见之,曰:"南方有鸟,其名为鹓(yuān)②,子知之乎?夫鹓,发于南海而飞于北海;非梧桐不止,非练实③不食,非醴(lǐ)④泉不饮。于是鸱(chī)得腐鼠,鹓过之,仰而视之曰:嚇(hè)!今子欲以子之梁国而嚇我邪(yē)?"

(《庄子·秋水》)

注释

①国:都城。②鹓:凤凰一类的鸟。③练实:洁白干净的果实。④醴泉:甘美的泉水。

道理

不同志向、不同品位的人,很难有共同的爱好和共同的选择。

8. 宁为泽雉

故事

右师是古代的一位哲学大师,即使再深奥的道理被他一点,往往都变得浅显易懂起来。同事公文轩很想见识一下右师的才气,于是决定找一个复杂的话题去求教一番。

一日,公文轩家的丫鬟(huán)不告而别,他很生气。他不明白,自己全家最疼爱的丫鬟竟然走上"背叛"之路,为了一个家徒四壁的穷家,居然放弃了主人家锦衣玉食的安逸生活,这为的是什么呢?

带着这个疑问,公文轩准备向右师讨教。

他来到右师家,向他说明了原委。右师没有直接回答,而是打了一个生动的比喻,他说:"沼泽边的野鸡走上十步才能啄到一口食物,走上百步才能喝到一口水,可是它丝毫也不会祈求畜养在笼子里。为什么呢?"

公文轩不解,纳闷地问:"这与我家丫鬟有什么关系呢?"

右师又说:"我女儿和她妈妈都喜欢听小鸟唱歌,看小鸟飞翔,母女俩就养了一只小鸟,女儿贪玩,没几天小鸟就饿死了。第二次养鸟,母女俩相约要好好对待小鸟,这次养了一个月,小鸟长得很好。但是朋友却说,你们残忍地剥夺了小鸟自由歌唱、自由飞翔的权利,母女俩最终依依不舍地把小鸟放飞了。"

公文轩幡(fān)然醒悟:"丫鬟也是泽雉呀!生活在樊笼里虽然不必费力寻食,但即使精力十分旺盛,那也是很不快乐的。"

事后,公文轩不但原谅了丫鬟的不辞而别,而且捎人传话给她:"如果有什么困难,他会尽力帮助的。"

宽厚仁爱

原文

泽雉(zhì)①十步一啄,百步一饮,不蕲(qí)②畜③乎樊(fán)④中。神虽王(wàng)⑤,不善也。

（《庄子·养生主》）

注释

①雉：雉鸟,俗称野鸡。②蕲：祈求,希望。③畜：养。④樊：笼子。⑤王：旺盛,这个意义后代写作"旺"。

道理

自由比锦衣玉食更可宝贵,更让人向往。

八、讽喻明理

FENGYUMINGLI
CHUDUGUOXUE

1. 蝴蝶之死
2. 越俎代庖
3. 守株待兔
4. 郑人买鞋
5. 呆子信书
6. 取信于民
7. 茅塞不通
8. 宋人为叶
9. 取人以己，成事以质
10. 滥竽充数
11. 东施效颦

1. 蝴蝶之死

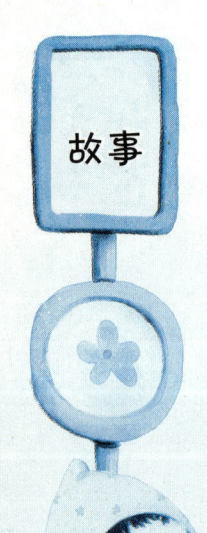

一天,一个人闲坐在池塘边的树阴下乘凉。

他看到树枝上悬挂着一个蛹(yǒng),蛹破了一个洞,洞里正有一只蝴蝶在挣扎着往外爬。由于洞口很小,蝴蝶很难爬出来,又很难挣破蛹皮。那蝴蝶挣扎一会儿,就又停下,然后继续挣扎。足有两个小时,蝴蝶仍然没有挣扎出来。

那人想,既然这么难以挣破,我就帮你一把吧。于是他找了一把小剪刀,把这个蛹的洞口剪得大了一些,于是蝴蝶就比较容易地爬了出来。

可是,蝴蝶爬出蛹后,只是停在树枝上,两只翅膀耷(dā)拉着,挺不起来,不能展翅飞翔,这样又停了很长时间。

那人又想,还是我再帮一帮你吧。于是,他上去帮助蝴蝶展开翅膀。可是当他一松手的时候,蝴蝶的翅膀就又无力地垂了下来。

那人想,干脆,我就帮你帮到家吧。于是,他把蝴蝶整个拿了起来,展开他的双翅,向空中扔去。他以为,这样蝴蝶就会趁势飞起来了。可不幸的是,扔到空中的蝴蝶根本就不会鼓动翅膀,而是直愣愣地栽到了池塘的水中,无力地挣扎了几下,就被淹死了。

那个人看了很悲伤,很为蝴蝶的死感到惋惜。

其实,这个人并不是在帮助蝴蝶,而恰恰是他不尊重自然法则,残害了这只蝴蝶。因为,那个小小的蛹洞,就是为了蝴蝶不断扩充自己翅膀的力量而自然设置的,蝴蝶可以在不断的挣扎当中增强自己的力量,直到它能够自己挣破洞口,才能有力量在空中飞翔。而人为地破洞,破坏了蝴蝶自身成长的条件,使蝴蝶失去了飞翔的能力。

自然的法则,是高于一切的,是谁也不能违背的。这一自然规律,尽管我们无法直接体验和观察,还无法掌握在人类的手中,但它却始终在左右着世界万物的发展变化,就是天帝也不能违背。

讽喻明理

原文

道冲①,而用之有弗盈②。渊③兮!似万物之宗④。锉(cuò)其兑(duì)⑤,解其纷⑥,和其光⑦,同其尘⑧。湛(zhàn)⑨兮!似或存⑩。吾不知谁之子,象⑪帝之先。

(《老子·第四章》)

注释

①冲:空虚。②有弗盈:有,通"又"。盈,满,引申为尽。③渊:深远。④宗:祖宗,祖先。⑤锉其兑:消磨掉它的锐气。锉,消磨,折去。兑,通"锐",锐利,锋利。⑥解其纷:消解掉它的纠纷。⑦和其光:调和隐蔽它的光芒。⑧同其尘:把自己混同于尘俗。⑨湛:沉没,引申为隐约的意思。"湛"、"沉"古代读音相同。这里用来形容"道"隐没于冥暗之中,不见形迹。⑩似或存:似乎存在。⑪象:似。

这段原文的意思是:大"道"空虚开形,但它的作用又是无穷无尽。深远啊!它好像万物的祖宗。消磨它的锋锐,消除它的纷扰,调和它的光辉,混同于尘垢。隐没不见啊,又好像实际存在。我不知道它是谁的后代,似乎是天帝的祖先。

道理

办什么事都必须遵循客观规律,不顾一切地按照自己的主观意志蛮干,注定会失败。

2. 越俎代庖

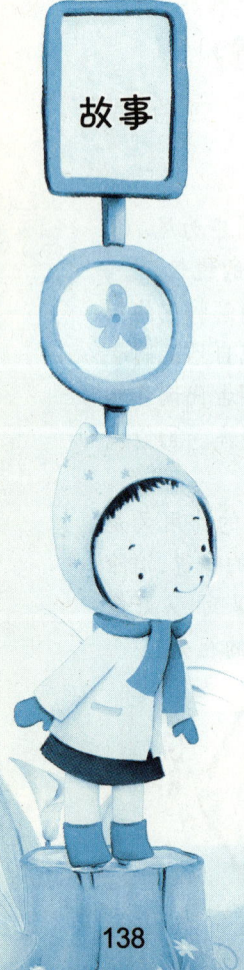

故事

许由上知天文、下晓地理，是个很有才能的隐士，而且在百姓中口碑极好。尧知道后，心想：这样德高望重的人，天下交给他治理岂不更好？于是，尧打算把天下让给许由。事不宜迟，尧准备择日前往箕(jī)山，去拜访他。

这天，天朗气清，惠风和畅。尧早早地起了床，处理完相应的事务后，就驾着马车向许由的居所箕山奔去。许由见了尧，大喜，即刻将他请进堂中落座，吩咐摆宴。

尧与许由边饮酒边寒暄。许由见尧似有所语，于是问道："先生远道而至，定有要事吧？"尧便直奔主题说："太阳和月亮都已升起来了，可是小小的炬火还在燃烧不熄，它要跟太阳和月亮的光亮相比，不是很难吗？季雨及时降落了，可是人们还在不停地浇水灌地，如此费力的人工灌溉对于整个大地的润泽，不显得徒劳吗？先生如能居于国君之位，天下一定会获得大治，可是我还空居其位，我自己越看越觉得能力不够，请允许我把天下交给你。"

许由眉头紧皱，面露难色。过了一会儿，他轻捋须髯(rán)，呵呵一笑说："你治理天下，天下已经获得了大治，而我却还要去替代你，我将为了名声吗？'名'是从属于'实'的附属物，我将去追求这次要的东西吗？鹪鹩在森林中筑巢，不过占用一棵树枝；鼹鼠到大河边饮水，不过喝满肚子。你还是打消此念，天下对于我来说没有什么用处啊！厨师即使不下厨，祭祀主持人也不会越俎代庖的！先生您还是请回吧。"

尧见许由心意已决，只好拱手话别。

原文

讽喻明理

尧让天下于许由①，曰："日月出矣，而爝(jué)火②不息；其于光也，不亦难乎？时雨降矣，而犹浸灌；其于泽也，不亦劳乎？夫子立而天下治，而我犹尸③之，吾自视缺然④，请致天下。"许由曰："子治天下，天下既已治也；而我犹代子，吾将为名乎？名者，实之宾⑤也，吾将为宾乎？鹪鹩(jiāoliáo)⑥巢(cháo)于深林，不过一枝；偃(yǎn)鼠饮河，不过满腹。归休⑦乎君，予无所用天下为！庖(páo)人⑧虽不治庖，尸祝⑨不越樽(zūn)俎(zǔ)⑩而代之矣！"

（《庄子·逍遥游》）

注释

①尧让天下于许由：尧是我国历史上传说时代的圣明君主。许由，古代传说中的高士，字仲武，隐于箕山。相传尧要让天下给许由，许由自命高洁而不受。②爝火：炬火，木材上蘸上油脂燃起的火把。③尸：庙中的神主，这里指空居其位，虚有其名之意。④缺然：不足的样子。⑤宾：次要的、派生的东西。⑥鹪鹩：一种善于筑巢的小鸟。⑦休：止，这里是算了的意思。⑧庖人：厨师。⑨尸祝：祭祀时主持祭祀的人。⑩樽俎：樽，酒器。俎，盛肉的器皿。"樽俎"在这里代指各种厨事。成语"越俎代庖"出于此。

道理

自己应全力做好自己的事，不要不恰当地去办理别人所管的事。

3. 守株待兔

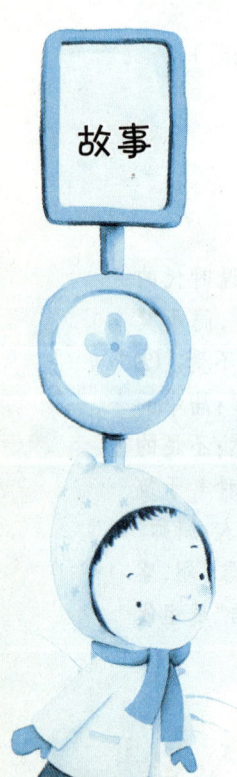

故事

宋国有个农夫，一天他正在田中锄草，锄着锄着，忽然一只野兔从树林中惊慌地跑出来，撞到田中的树桩上头破血流，折断脖子而死。农夫非常高兴，没想到无意之中捡到了一只死兔子，今天有兔肉吃了。

饭桌上，他一边吃着香喷喷的兔肉，一边遐想着：假如我每天守在树桩旁，都能捡到撞桩而死的兔子，然后拿兔子肉到集市上换钱、换生活用品，以后的日子就不用愁了。想到这里，他对妻子说："今天的兔子肉好吃吧！从明天开始，我就不用干农活了。"妻子很奇怪："咱天生是种田的命，不干活吃什么？"农夫打着饱嗝(gé)带着酒气说："真是榆(yú)木脑袋，从明天开始，我就守在田埂(gěng)上，等兔子撞死在树桩上，然后拿死兔子到集市上卖钱，不就什么都有了？""真是做梦！"农夫的妻子不满地说了一句，就收拾碗筷去了，丢下农夫一个人躺在床上打鼾(hān)做梦。

第二天，农夫一大早起来，带了一壶茶、三块煎饼兴冲冲地往田地里赶，到了之后就坐在田垄上用眼睛瞪着树桩，等待兔子撞死好去捡回家卖钱。一天，两天，三天……兔子看不见，田里的庄稼不见长，草却长得很茂盛。事情传到集市上，大家都笑他异想天开。

原文

宋有人耕田者，田中有株，兔走①触株，折颈而死，因释其耒(lěi)②而守株③，冀④复得兔，兔不可复得，而身为宋国笑。

（《韩非子·五蠹》）

讽喻明理

注释

①走：跑。②耒：锄头。③株：树桩。④冀：希望。

道理

不靠自己勤勤恳恳的劳动，而想碰好运不劳而获的想法是不可取的。

4. 郑人买鞋

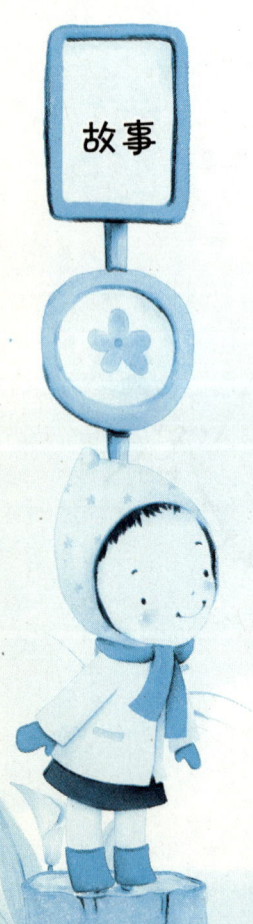

故事

郑国有一个人非常呆板迂腐，眼看着自己脚上的鞋子从鞋帮到鞋底都已破旧得不能穿了，但他仍然像没事一样穿着破鞋到处串门，有人看了就提醒他："你的鞋子太破了，还是到集市上买一双吧。"他这才感觉到鞋子太破了。"谢谢提醒，很对不起，我的鞋子让您操心了。"于是，他决心到集市上去买一双新鞋。

这个人在去集市之前，在家里先用一根稻草量好了自己脚的长短尺寸，随手将稻草放在桌子上，起身就出门了。

一路上，他穿着破鞋紧走慢走，走了一二十里地来到集市。集市上热闹极了，人群熙(xī)熙攘(rǎng)攘，各种各样的小商品摆满了地摊柜台。这个郑国人径直走到鞋铺前，里面有各式各样的鞋子。郑国人让掌柜的拿了几双鞋，他左挑右选，最后选中了一双自己觉得满意的鞋子。他正准备掏出稻草，用事先量好的尺码来比一比新鞋的大小，可他左边摸摸右边摸摸，怎么也找不到。"噫！怎么回事，尺码丢到哪去了？哦！想起来了，在家里的桌上。"于是他放下鞋子撒腿就朝回家的方向跑去。

他急急忙忙地赶回家中，高兴地拿了稻草又急急忙忙赶往集市。等他到了集市，太阳已经快下山了。集市上的小贩都收了摊，大多数店铺已经关门。他来到鞋铺，鞋铺也关门了。他鞋没买成，低头瞧瞧自己脚上，原先那个鞋帮上的窟窿现在更大了，他十分沮丧。

有几个人围过来，知道情况后问他："买鞋时为什么不用你的脚去穿一下，试试鞋的大小呢？"他回答说："那可不成，量的尺码才可靠,我的脚是不可靠的。我宁可相信尺码,也不相信自己的脚。"

讽喻明理

原文

郑人有且置履(lǚ)①者,先自度其足而置之其坐,至之市而忘操之,已得履,乃曰:"吾忘持度。"反②归取之,及反,市罢,遂不得履,人曰:"何不试之以足?"曰:"宁信度③,无自信也。"

（《韩非子·外储说左上》）

注释

①置履:买鞋。②反:同"返"。③度:尺码。

道理

做事一味地死搬硬套,而不会灵活处理,总是要犯错误的。

143

5. 呆子信书

宋国有个书呆子，整天手里捧着一本书，摇头晃脑地在村子里走来走去。

他特别喜欢仿效别人。看见年纪大的人喝酒一饮而尽，觉得挺牛的，于是，不会喝酒的他也学着人家一饮而尽，结果呛得眼泪鼻涕直流。更可笑的事情还在后面呢！

有一年冬天，书呆子正坐在火炉边读书，由于不小心把自己的鞋子烧着了，他的妻子赶忙端来一盆水，准备往鞋上泼。可他却说："且慢，我来翻翻书，看书上是怎么介绍灭火的。"于是他忍着烧烤的剧痛，到书上去查找灭火的办法，当找到灭火办法时，鞋子早已烧得穿不成了，脚也被烧伤，整整一个月没有出门。

脚好了之后，他才发现没有了鞋子穿，就决定到集市上买一双新鞋。卖鞋的老人凭着经验取出十寸的鞋，让书呆子试穿，看看合适不合适，可读书人不干了，说忘记带自己脚的尺寸了，转身飞奔回家去取尺寸，让卖鞋的老人感到莫名其妙。书呆子返回后，说自己穿的鞋应该是六寸，可六寸的鞋无论如何就是穿不上，无奈之下拿出了证据给卖鞋的老人看。老人一看恍然大悟，原来书呆子的父亲在其七岁时曾有书记载："吾儿七岁，脚长六寸，脚随人长，不可遗忘……"

还有一件更让人肚子都笑疼的事。古书上说："反复约束自己。"这个书呆子看了这句话后，就立马找来绳子，以重叠的方法用绳子把自己捆绑了起来。妻子以为他要上吊，赶忙抱住他问："这是为什么？难道不想活了吗？"

他回答说："书上是这样说的，当然要这样做。"

讽喻明理

原文

宋人有少者亦欲效善①,见长者饮无余②,非斟(zhēn)酒饮也而欲尽之。书曰:"绅(shēn)③之束之。"宋人有治④者,因重带自绅束也。人曰:"是何也?"对曰:"书言之,固然。"

（《韩非子·外储说左上》）

注释

①善:高明的样子。②饮无余:一饮而尽。③绅:用带子约束。④治:研究。

道理

尽信书不如无书,理论一定要和实践相结合。

6. 取信于民

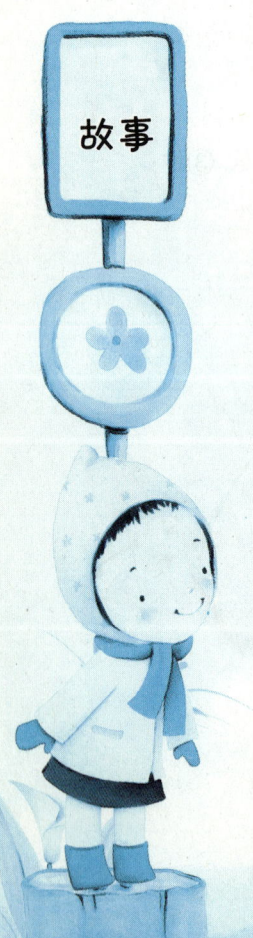

晋文公帮助周襄王安定了王室，周襄王为了奖励晋文公，决定赐给晋文公四座城池，就是黄河北岸的阳樊、温邑(yì)、原邑和俪于。然而，在周襄王赐予的四个城邑中，原邑的老百姓由于受首领原伯贯的欺骗，不愿意归顺晋国，晋文公就起兵前去征讨。

晋文公同大将赵衰一起来到原邑城下，只见原邑的城池森严壁垒。原邑的守军和老百姓因为听说晋国在收归阳樊时，把阳樊的老百姓全部都杀了，又恐惧又憎恨晋军，共同发誓死守原邑。赵衰见此情景，就对晋文公说："原邑的老百姓之所以不愿意归顺我们晋国，是因为我们与他们之间没有往来，他们不知道您是有道的国君，国君如果能够取信于原邑的老百姓，那么，原邑就会不攻自破，自然就会归顺我们了。"

晋文公采纳了赵衰的建议，与原邑的人约定，晋军攻城只用三天，攻不下城池，就会自动解围，不影响老百姓的生活和生产。

到了第三天，原邑的老百姓跑出来向晋军报告说："城中百姓已经得知晋军并未屠杀阳樊的老百姓，并且晋文公如此照顾老百姓，准备明天晚上偷偷打开城门，欢迎晋军进城。"

晋军将领得知这一消息后，就要求晋文公等明天拿下城池再撤兵，晋文公坚决不同意，说："我已经发出了只围城三天的命令，现在如果不按时撤兵，就是失信于军，失信于民。如果我们得到城池，而失去了老百姓的信任，那就得不偿失了。"第二天天一亮，晋文公就下达了撤退的命令，解除了对原邑的包围。

原邑的老百姓见此情景，都说："晋侯宁失城不失信，真是一位有道之君。"老百姓们纷纷在城墙上插上降旗，有的还跑出城来追随晋军，原邑的首领原伯贯想阻止也阻止不了。晋军退了不到30里，原邑就派人来投降了。

晋文公让军队原地不动，自己单车进入原邑接受归顺。老百姓见此，更是欢欣鼓舞。原伯贯来见晋文公时，晋文公也仍以王公卿士的礼节相待，又委任他为原地大夫，兼领阳樊。然后，晋文公班师回晋。

讽喻明理

原文

飘风①不终朝，骤雨②不终日。孰为此者？天地。天地尚不能久，而况于人乎？故从事于道者同于道；德者同于德③；失者同于失④。同于道者，道亦乐得之；同于德者，德亦乐得之；同于失者，失亦乐得之。信不足，焉有不信焉。

（《老子·第二十三章》）

注释

①飘风：暴起的旋风。②骤雨：大暴雨。③德：道德。德又通"得"，即获得。④失：丧失，指失德或失道。

这段原文的意思是说：狂风刮不了一个早晨，暴雨下不了一整天。谁使它这样的呢？天地。天地的狂暴尚且不能长久，更何况是人呢？所以，从事于道的就同于道，从事于德的就同于德，从事于失的人就同于失。同于道的人，道也乐于得到他；同于德的人，德也乐于得到他；同于失的人，失也乐于得到他。统治者的诚信不足，就会有人不信任。

道理

得道多助，失道寡助。做事不可背离民意，否则就会失败。

7. 茅塞不通

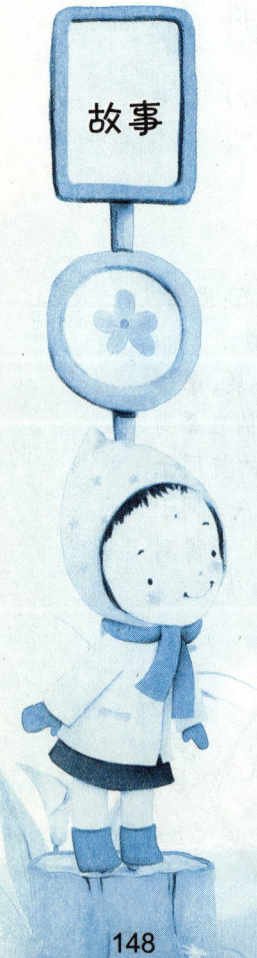

故事

惠施是梁惠王的相国,他与庄子是好朋友。一天,惠施与庄子在茶楼不期而遇。惠施恭恭敬敬地将庄子拉到自己的桌子旁,迫不及待地问庄子:"魏王送我大葫芦种子,我将它培植起来后,结出的果实中间可容纳五石的东西。用大葫芦去盛水浆,可是它的坚固程度承受不了水的压力;把它剖开做瓢,过分大而且很平浅,无法容纳东西。这个葫芦不是不大呀,因为它大而无用,我就砸烂了它。"

庄子哈哈大笑说:"先生实在是不善于使用大东西啊!"

惠施不解地问:"先生何出此言?"

庄子再笑,说:"不知您听没听过这样一个故事:宋国有一个善于制造预防龟(jūn)裂冻疮药的人家,世世代代以漂洗棉絮为职业。有个游客听人说到这个秘方后,说愿意用百金的高价收买他的药方。全家人聚集在一起商量:'我们世世代代在河水里漂洗丝絮,所得不过数金,如今一下子就可卖得百金,还是把药方卖给他吧。'游客得到药方,来游说吴王。正巧越国发难,入侵吴国,吴王派他统率部队。那年冬天天寒地冻,可吴军因有秘方,不惧严寒,越战越勇。结果在水上交战时,吴军大败越军。回到京城后,他受到吴王封赏。"

惠施还是不解,庄子指了指他的脑门说:"能使手不龟裂的药方是同样的,有的人用它来获得封赏,有的人却只能靠它在水中漂洗丝絮,这是使用的方法不同。如今你有五石容积的大葫芦,怎么不系在腰间做腰舟而浮游于江湖之上,却担忧葫芦太大不能装东西?看来先生你还是茅塞不通啊!"

惠施一下子羞红了脸,惭愧地说:"我真的是茅塞不通啊!"

原文

讽喻明理

惠子谓庄子曰:"魏王贻(yí)①我大瓠(hú)②之种,我树③之成而实五石,以盛水浆,其坚不能自举也。剖之以为瓢,则瓠落④无所容。非不呺(xiāo)然⑤大也,吾为其无用而掊(pǒu)⑥之。"庄子曰:"夫子固拙于用大矣。宋人有善为不龟手之药者,世世以洴(píng)澼(pì)絖(kuàng)⑦为事。客闻之,请买其方百金。聚族而谋之曰:'我世世为洴澼絖,不过数金。今一朝而鬻(yù)⑧技百金,请与之。'客得之,以说吴王。越有难,吴王使之将。冬,与越人水战,大败越人,裂⑨地而封之。能不龟手一也,或以封,或不免于洴澼絖,则所用之异也。今子有五石之瓠,何不虑以为大樽(zūn)而浮乎江湖,而忧其瓠落无所容?则夫子犹有蓬之心⑩也夫!"

（《庄子·逍遥游》）

注释

①贻:赠送。②瓠:葫芦。③树:种植,培育。④瓠落:很大很大的样子。⑤呺然:庞大而又中空的样子。⑥掊:打破。⑦洴澼絖:洴,浮。澼,在水中漂洗。絖,丝絮。⑧鬻:卖,出售。⑨裂:划分出。⑩有蓬之心:喻指见识浅薄,不能通晓大道理。蓬,草名,其状弯曲不直。

道理

在生活中,要充分认识物品的特性,在合适的地方使用合适的物品。

8. 宋人为叶

有个宋国人善于雕刻，凡经他的手雕刻出来的东西，都栩(xǔ)栩如生，令人叫绝。

这个消息传到了宋国国君的耳中，他让人请来这个宋国人，说道："寡人听说你的雕刻手艺炉火纯青，今天找你来就是想验证验证，如果你确实有本事，寡人不但会重重赏你，还要封你为宫廷雕刻师。"

宋国人一听这话，连忙跪倒在地："多谢大王恩惠，能为大王效劳，小民不胜荣幸。"宋君让人挑选出一块上等的象牙，对宋国人说："你就用它为寡人雕一片楮叶吧。"宋国人提出了自己的要求："为大王雕东西不同其他人，我要挑选一个吉日动工，请大王给我三年时间，三年后的今天我一定亲手将雕好的楮叶送到大王手上，请大王答应我的要求。"

回家后，宋国人对妻子说："从明天开始，闭门谢客，不接其他生意，我要为大王雕刻楮叶，需要两年时间观察楮叶的生长发育状况。"从那以后，宋国人就每天端着凳子坐在楮树下，观察楮叶生长发育的具体情况，做到了然于胸。

两年之后，他开始为他的君主用象牙雕刻楮叶，用了一年的时间终于刻成了。他雕刻出来的楮叶在宽狭、筋脉、绒毛、色泽上都和真的一模一样，即使是混杂在真的楮叶中也辨别不出来。

宋国国君没有食言，不但给了这个宋国人许多赏赐，还封他当了宫廷雕刻师。

讽喻明理

原文

宋人有为其君以象为楮(chǔ)叶者①,三年而成。丰杀茎柯,毫芝繁泽,②乱之楮叶之中而不可别也③。此人遂以功食禄于宋邦。

(《韩非子·喻老》)

注释

①以象为楮叶者:用象牙刻楮叶。②丰杀茎柯,毫芝繁泽:宽狭,筋脉,绒毛,色泽。③乱之楮叶之中而不可别也:即使是混杂在真楮叶中也辨别不出来。

道理

做出任何一项成就,都要付出时间和心血。

9. 取人以己，成事以质

故事

齐桓公总担心自己的老百姓谋反，所以常常茶饭不思，忧心如焚。

有一天，他路过管仲的府邸(dǐ)，大门上的一副对联引起了他的注意。这副对联是这么写的："取人以己，成事以质"。齐桓公不解，于是派人叫出管仲。

管仲出门见是大王，赶紧下跪请安："卑贱之人，不知大王到此，有失远迎。"

齐桓公故意生气地说："最近又悟出了什么大道理呀？连我都不知道。"

管仲被弄糊涂了，这时齐桓公指了指他的门联，笑着说："赶快从实招来。"

管仲也乐了，大王又是想谈谈国事了。管仲将齐桓公迎进客厅，双方坐定后，管仲便说了起来："大王，治国的根本有两条：一曰人，二曰事。治人要求他一定效力，治事要求它一定完善。人有逆有顺，事情有分量尺度。人心逆就不肯效力，事不合分量尺度就不可能完善。事情不完善意味着有伤，人不肯效力意味着有怨。所以说：'取人以己，成事以质。'"

齐桓公还是不解。管仲又说："所谓成事以质，就是要根据实际分量尺度行事；所谓取人以己，就是要考虑按'恕'道行事。考虑'恕'道，就是想着比照自己，自己所不接受的，不要施加于他人。"

"好一个'取人以己，成事以质'呀！我的担忧被你解决了。"此后，齐桓公以此作为治国准绳，国泰民安。

讽喻明理

原文

治之本二：一曰人，二曰事。人欲必用①，事欲必工②。人有逆顺，事有称量③。人心逆则人不用，事失称量则事不工。事不工则伤，人不用则怨。故曰："取人以己，成事以质。"成事以质者，用称量也。取人以己者，度恕而行也。度恕者，度之于己也，己之所不安，勿施于人。

（《管子·版法解》）

注释

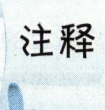

①人欲必用：治人要求他一定效力。②事欲必工：治事要求它一定完善。③称量：分量尺度。

道理

自己不愿意接受的，也不要勉强别人接受，处理事情时要多替别人想一想。

10. 滥竽充数

故事

齐宣王有个爱好,喜欢听人吹竽,尤其喜欢将300个吹竽的人集中起来集体吹竽,听到妙处,齐宣王忍不住摇头晃脑,手上端着酒杯,大叫"打赏,打赏"。

南门外有个南郭先生不学无术,懒得要命,却整天到处瞎吹:"我生下来就是吃公家饭的命,别看我现在不行,有朝一日我会发迹的。"

有一天,他正在城门边游荡,看见一群人围着城墙上的一张告示指指点点,他连忙走了过去。"借光,借光,上面都说些什么?"有人认得南郭先生,就取笑他:"你发迹的机会到了,大王爱听人集体吹竽,正招聘吹竽手呢,管吃管喝还发工资。"听了这番话后,南郭先生心里盘算开了,大王一般集中300人集体吹竽,我如果混进去说我会吹竽,大王一定不会发现我不会吹竽。

第二天,他托人介绍来到了齐宣王的吹竽队:"大王,我要加入吹竽队,把世上最美妙的音乐献给您。"齐宣王听了非常高兴:"好!"吩咐侍卫为南郭先生安排房间。从此南郭先生就和那几百个吹竽手一样,享受着公家的俸禄(fènglù),每天混在吹竽队里,鼓腮凸嘴,装模作样地把竽放在嘴里吹。

三年后,齐宣王死了,齐湣王继位,他把吹竽手集中起来训话:"寡人不喜欢听集体吹竽,喜欢一个一个地听你们演奏。你们以后就一个一个地吹给我听,吹得好有赏。"听了这话,南郭先生吓得汗流浃(jiá)背,浑身发抖:"我的妈呀,好日子到头了,得想法子溜走,不然小命没了。"想到这里,南郭先生装出一副痛苦难耐的样子:"大王,我的肚子疼得厉害,要上厕所,请大王批准。"齐湣王爱惜地说:"去吧,快去快回。"南郭先生出了朝房,东西也不拿就一溜烟地逃走了。

讽喻明理

原文

齐宣王使人吹竽(yú),必三百人。南郭处士请为王吹竽,宣王说①之,廪(lǐn)食②以数百人。宣王死,湣(mǐn)王立,好一一听之,处士逃。

(《韩非子·内储说上七术》)

注释

①说:通"悦"。 ②廪食:公家奉养。

道理 人要学点真本事,靠本事吃饭才会心安理得,靠蒙混不会长久。

11. 东施效颦

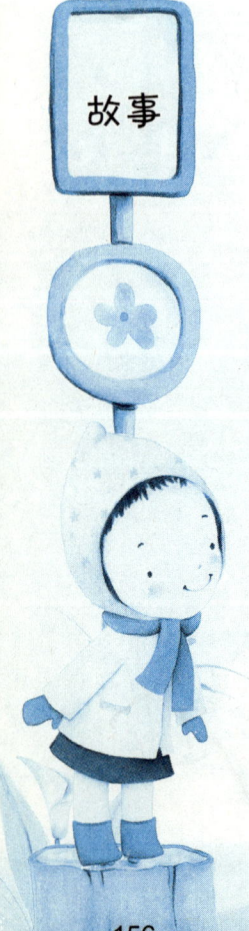

故事

春秋时代,越国有一位美女名叫西施,她的美貌简直到了倾国倾城的程度。无论是她的举手投足,还是她的音容笑貌,样样都惹人喜爱。西施略用淡妆,衣着朴素,走到哪里,哪里就有很多人向她行"注目礼",没有人不惊叹她的美貌。

西施患有心口疼的毛病。有一天,她的病又犯了,只见她手捂胸口,双眉皱起,流露出一种娇媚柔弱的女性美。当她从乡间走过的时候,乡里人无不睁大眼睛注视着她。

西施的邻居家有一个丑女子,名叫东施,不仅相貌难看,而且没有修养。她平时动作粗俗,说话大声大气,却一天到晚做着当美女的梦。今天穿这样的衣服,明天梳那样的发式;一会儿擦粉,一会儿戴花……总之,如果有人询问东施,她的母亲一定会高声回话:"东施这丫头肯定又在自己房间里化妆吧!"尽管如此,却仍然没有一个人说她漂亮。

这一天,东施看到西施捂着胸口、皱着双眉的样子竟博得这么多人的青睐(lài),她也学着西施的样子,手捂胸口,紧皱眉头,在村里走来走去。哪知这丑女的矫(jiǎo)揉造作使她原本就丑陋的样子更难看了。其结果,乡间的富人看见丑女的怪模样,马上把门紧紧关上;乡间的穷人看见丑女走过来,马上拉着妻带着孩子远远地躲开。人们见了这个模仿西施心口疼,在村里走来走去的丑女人,简直像见了瘟(wēn)神一般。

讽喻明理

原文

"故西施病心而颦(pín)①其里,其里之丑人见而美之,归亦捧心而颦其里。其里之富人见之,坚闭门而不出;贫人见之,挈(qiè)②妻子而去之走③。"

(《庄子·天运》)

注释

①颦:皱眉。②挈:提,领着。③走:跑。

道理

人应有必要的自信,一味地模仿别人,最终会失去自我。

九、修身养性

XIUSHENYANGXING
CHUDUGUOXUE

1. 不翼而飞
2. 平公失言
3. 善良为本
4. 巧拙之准
5. 谦虚为人
6. 田子方颂师
7. 礼贤下士
8. 成由节俭败由奢

1. 不翼而飞

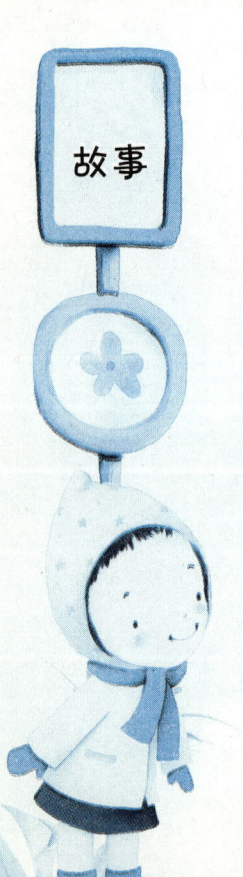

故事

齐桓公想到东边去游玩,可又担心有什么不妥,于是去请教自己的臣子管仲,想听听他的意见。

齐桓公见到管仲后,问道:"我打算出去游玩。我这次游玩,准备向东到之罘(fú),向南至琅邪。司马曾对我说:'这跟先王出游没有什么区别。'他说的是什么意思呢?"

管仲想了想回答说:"先王出游,多安排在春日,是想了解老百姓有什么苦难,这种'出游'才是真正的'游';先王出游,如果选择在秋天,那是为了弥补老百姓的不足,这种'出游'称之'夕',也是有利民生的举措。随行人马在老百姓家吃住,称之'亡';游乐而忘记返回,称之'荒'。先王是带着'游'与'夕'的事务到民间的,而本身又无'荒'与'亡'的行为。先王的出游与您的出游怎么会没有区别呢?"

齐桓公惭愧地对管仲说:"您又为我提了一条宝贵的建议啊。"

管仲又意味深长地对齐桓公说:"没有翅膀却能够飞行的是流言,没有根须却能够非常牢固的是人的感情,没有封赏却受到百姓的尊敬,那就是老百姓的心啊。"

齐桓公又问:"请问我应该如何做,才能达到这一点呢?"

管仲回答说:"做君王的应该在巩固感情方面多下工夫,一言一行都应该小心、小心再小心,以坚持高尚之心性。这样,'道'才能发扬光大啊。"

齐桓公连声赞叹说:"我一定按照先生的教诲去做。"

修身养性

原文

桓公将东游,问于管仲曰:"我游犹轴转斛(hú),南至琅邪(Lángyá)。司马曰:'亦先王之游已。'何谓也?"管仲对曰:"先王之游也,春出①,原②农事之不本者,谓之游。秋出,补人之不足者,谓之夕。夫师行而粮食其民者,谓之亡。从乐而不反③者,谓之荒。先王有游夕之业于人,无荒亡之行于身。"

桓公退再拜命曰:"宝法也。"管仲复于桓公曰:"不翼而飞者,声也;无根而固者,情也;无立④而贵者,生也。公亦固情谨声,以严尊生,此谓道之荣。"桓公退,再拜:"请若⑤此言。"

（《管子·戒》）

注释

①春出:春日外出。②原:查。③反:同"返"。④立:爵位。⑤若:遵从。

道理

爱惜民力民财,才能得到百姓的拥戴;生活奢侈无度,必将脱离百姓。

2. 平公失言

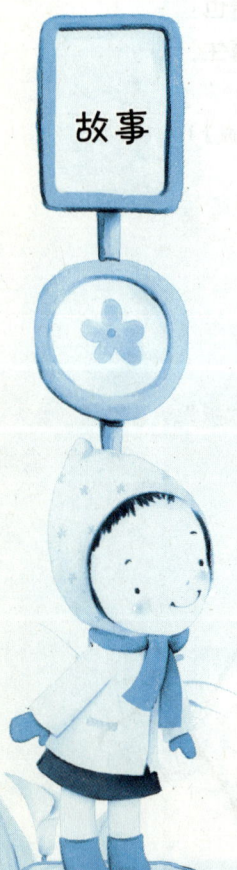

故事

师旷,字子野,晋国著名音乐家,冀州南和人。他天生眼盲,但有很强的辨音能力;他禀(bǐng)性刚烈,正道直行。

师旷虽仅是一位乐官,一生都在宫中生活,但他的地位不同于一般乐工,对政治有自己的见解,敢于在君侯面前发表自己的意见,也向晋王提出了许多治国主张。

有一次,晋平公感叹师旷生来就眼瞎,饱受昏暗之苦,师旷则言天下有五种昏暗:其一是君王不知臣子行贿博名,百姓受冤无处伸;其二是君王用人不当;其三是君王不辨贤愚;其四是君主穷兵黩武;其五是君王不知民计安生。师旷甚至曾用琴撞击晋平公,以规劝晋平公不要沉湎(miǎn)于个人享受。

一次,晋平公正大宴群臣,喝得正痛快的时候,晋平公感慨万分地说:"还是做君主好,我说的话没有人敢违背,我想怎么做就怎么做。"当时师旷被任命为郑国宫廷主乐师,在重要场合经常陪坐在平公身边,面前放着他往常弹的木琴。听了晋平公的话,师旷认为平公喝多了,说出的话与身份不相符,怕他会继续酒后失言,就拿起木琴朝平公撞去。平公急忙掀起衣服回避,木琴直接撞到墙壁上裂成几片。晋平公迷惑地问:"太师为什么用琴撞我?我有什么地方对不起你吗?"师旷立而不跪,说:"刚才我听到一位小人在我旁边胡言乱语,所以用木琴撞他。"平公生气地说:"太放肆了,刚才是我说话,我说错什么了?"师旷面向殿下寂寂无言的大臣说:"大王,请你认真想一想,你刚才讲的话难道是君主说的话?作为一国之君,一言一行都代表国家形象,都要斟酌考虑,否则就会失去君王的威仪。"

群臣都认为师旷太无礼,请求处罚他,晋平公却亲自筛了一杯酒递给师旷说:"寡人喝多了酒,酒后失言,太师提醒了我。"

修身养性

原文

晋平公与群臣饮,饮酣①,乃喟(kuì)然叹曰:"莫乐为人君,惟其言而莫之违②。"师旷侍坐于前,援琴撞之。公披衽(rèn)③而避,琴坏于壁。公曰:"太师谁撞?"师旷曰:"今者有小人言于侧④者,故撞之。"公曰:"寡人也。"师旷曰:"哑(yà)!是非君人者之言也。"左右请除之,公曰:"释之,以为寡人戒。"

《韩非子·难一》

注释

①酣:痛快。②莫之违:没有人违抗。③披衽:拉开衣襟。④侧:旁边。

道理 面对错误的言行就应该指出,不能敷衍,更不能附和。

3. 善良为本

一天,孙叔敖到狐丘游玩,遇见一位老人。那老人气宇非凡,一看就知道是位世外高人。

孙叔敖忙向老人施礼,问:"请问先生,应该怎样治国?"

那老人说:"不知道。"然后继续向前走去。

孙叔敖再追着问:"请问先生,怎样修身养性呢?"

老人慢慢转过头来,说:"你刚才问怎样修身养性,说明你还是个可教之人。"

然后,他问孙叔敖:"人有三个方面最容易招人怨恨,你知道吗?"

孙叔敖问道:"请问是哪三个方面?"

老人道:"一个人的官位太高,下面的人就会嫉妒他;一个人的权力太大,君主就会防备他;一个人的财富太丰厚,别人就会怨恨他。"

孙叔敖说:"我的职位越高,越能虚心对待下属;我的权力越大,胆子就越小,做事就越谨慎;我的财产越多,我的布施就越广。用这样的方法来免除这三种怨恨,可以吗?"

老人说:"果然是个可教之才。你要记住,尊贵一定要以低贱为根本,高大一定要以低小为基础,做人一定要以善良为本。"

老子认为,有道德的上善之人,有像水一样的柔性。水性柔顺,明能照物,滋养万物而不与万物相争,有功于万物而又甘心屈尊于万物之下。正因为这样,有道德的人,总是效法水的柔性,温良谦让,广泛施恩却不奢望报答。

原文

上善若水。水善利万物而不争,处众人之所恶(wù)①,故几(jī)于道②。居善地,心善渊③,与善仁,言善信,政善治④,事善能,动善时⑤。夫唯不争,故无尤⑥。

（《老子·第八章》）

修身养性

注释

①处众人之所恶：即居处于众人所不愿去的地方。②几于道：即接近于道。几，接近。③渊：沉静，深广。④政善治：为政善于治理国家，从而取得政绩。⑤动善时：行为动作善于把握有利的时机。⑥尤：怨咎，过失，罪过。

这段原文的意思是：行为高尚的人好像水一样。水善于滋润万物而不与万物相争，停留在众人都不喜欢的地方，所以最接近于"道"。这种人，居处善于选择地方，内心沉静而又深广，待人真诚而又无私，说话能够恪守信用，为政善于精简处理，处事能够发挥所长，行动善于把握时机。这种人的所作所为正因为有不争的美德，所以没有过失，也就没有怨咎。

道理

竭尽所能地贡献自己的力量去帮助别人，而不与别人争功、争名、争利，这种人值得人们尊敬。

4. 巧拙之准

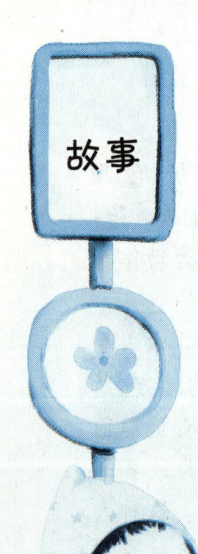

故事

鲁班是鲁国的能工巧匠,传说中木匠的祖师。

鲁班很注意对客观事物的观察、研究,他受自然现象的启发,致力于创造发明。一次攀山时,他的手指被一棵小草划破,他摘下小草仔细察看,发现草叶两边全是排列均匀的小齿,于是就模仿草叶制成伐木的锯,他还发明了攻城用的工具——云梯。

一天,鲁班在院子里坐着喝茶,看到燕子一会儿高一会儿低,飞得很自在,他突发奇想:"鸟雀能在天上飞来飞去掉不下来,我为什么不能用竹子做一只鸟鹊在天上飞呢?"说做就做,鲁班找来材料,经过反复研究,不断改进,失败了九次,终于做出了一只在天上飞的竹鹊。试飞那天,天上正好刮着风,天气晴朗,万里无云,他用一根细绳系住竹鹊,让弟子拉着竹鹊快跑,果然,竹鹊飞了起来,在天上飞了三天三夜才掉落下来,鲁班逢人就夸自己的竹鹊做得巧妙。

鲁班自夸的话传到墨子的耳中,墨子为这事专门去拜访鲁班。鲁班为墨子倒了茶,请他坐下:"先生专门到我家来,有什么重要的事要指教我吗?"墨子喝了一口茶说:"我听说你制作的竹鹊在天上飞了三天三夜,你就到处夸耀自己的手艺巧妙。我认为看一个东西巧妙不巧妙,在于你制造的东西是否对老百姓有作用。比如木匠制作车辖,他用三寸的木料,片刻就砍削成了,却能负载一百多斤的重量,那才叫巧妙,而对老百姓没用的东西那叫笨拙。"

说完后,墨子告别走了,鲁班恭敬地送墨子出门。墨子走后,鲁班悄悄地将竹鹊收进库房,再也不提竹鹊的事了。

原文

公输子①削竹木以为鹊,成而飞之,三日不下,公输子自以为至巧。子墨子谓公输子曰:"子之为鹊也,不如匠之为车辖(xiá)②,须臾(yú)刘③三寸之木,而任五十石之重。故所为④功⑤,利于人谓之巧,不利于人谓之拙。"

(《墨子·鲁问》)

修身养性

注释

①公输子:就是鲁班,鲁班姓公输,名般。②车辖:固定车轮与车轴位置,插入轴端孔穴的销钉。③刘:应为"斫",砍成。④所为:即所谓。⑤功:当为"巧"。

道理

一个人即使取得再大的成绩,也不要总挂在嘴上炫耀。

5. 谦虚为人

有一次,孔子带着几个学生到庙里去祭祀,刚进庙门,就看见座位上放着一个引人注目的器具。学生们看了觉得新奇,纷纷提出疑问。孔子没有回答,却问寺庙里的人:"请问您,这是什么器具啊?"守庙的人一见这人谦虚有礼,也恭敬地说:"夫子,这是放在座位右边的器具呀!"于是孔子仔细端详着那器具,口中不断重复念着"座右、座右",然后对学生们说:"放在座位右边的器具,当它空着的时候是倾斜的,装一半水时就变正了,而装满水它就会倾覆。"

听了老师的话,学生们都以惊异的目光看着他,然后又看着那新奇的器具。孔子看出了大家的心思,和蔼地问大家:"你们有点不相信吗?咱们还是提点水放到器具里试试吧!"学生们打来了水,往器具里倒了一半水时,那器具果然就正了。孔子对大家说:"看见了吧,这不是正了吗?"大家点点头。他又让学生继续往器具里倒水,器具中刚装满了水,器具就倾倒了。孔子赶忙告诉他们:"倾倒是因为水满所致啊!"

直率的子路急忙发问:"难道没法子让它不倾倒吗?"孔子深深地望了大家一眼,语重心长地说:"世上绝顶聪明的人,应当用稳重来保持自己的聪明;功誉天下的人,应当用谦虚保持他的功劳;勇敢无双的人,应当用谨慎保持他的本领。这就是说,要用退让的办法来减少自满。这番话和老子所说的'有的东西损害它反而使它得益,使它得益反而损害了它'是一个道理啊!"

学生们听了孔子这含义深刻的话语,都被深深地打动了。

原文

人之所恶,唯孤、寡、不谷①,而王公以为称。故物或损之而益,或益之而损。人之所教,我亦教之。

(《老子·第四十二章》)

修身养性

注释

①不谷:不善。

这段原文的意思是:人们最厌恶的,是孤独、寡德和凶恶不善的人,可是君王却用它称呼自己,以示卑下。所以对待世间事物,有时贬低它,反而能够抬高它;有时抬高它,反而伤害了它。这道理是前人教给我的,我也拿来教人。

道理

谦虚使人进步,骄傲使人落后。谦虚谨慎是一种有益的习惯。

6. 田子方颂师

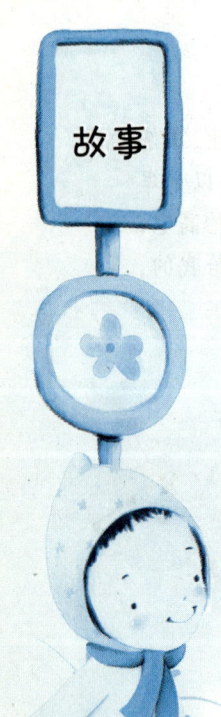

田子方是魏文侯的老师,也是魏国的贤人。

有一天,魏文侯将田子方招来闲聊。田子方陪坐在魏文侯身旁,不停地称赞谿工。魏文侯好奇地问:"谿工?是你的老师吗?"

田子方说:"不是我的老师,是我的邻里。但他的言论谈吐总是十分中肯恰当,所以我称赞他。"

魏文侯说:"那你没有老师吗?"

田子方说:"有。"

魏文侯又问:"你的老师是谁呢?"

田子方说:"东郭顺子。"

魏文侯不解地说:"那么先生为什么不曾称赞过他呢?"

田子方回答:"他的为人十分真诚朴实,相貌跟普通人一样,而内心却能顺应外在事物,同时保持着自己的真性情。若有人做事不符合'道',他便严肃指出使之醒悟,使其邪恶之念自然消除。我做学生的能够用什么言辞去称赞这样的好老师呢?"

田子方走后,魏文侯若有所失,整天不说话,他身边侍立的近臣问他说:"君王有什么心思吗?"

魏文侯感叹道:"田子方实在是深不可测呀,称得上是一位德行完备的君子!以前我总认为,圣智的言论和仁义的品行算是最为高尚的了,如今我听田子方介绍自己的老师,我真是嘴巴像被钳住一样而不能说些什么。我过去所学到的不过都是些泥塑偶像似的东西,毫无真实价值,至于魏国也只是我的拖累罢了!"

原文

修身养性

田子方侍坐于魏文侯,数①称谿(xī)工②。文侯曰:"谿工,子之师耶?"子方曰:"非也,无择③之里人④也。称道⑤数当⑥,故无择称之。"文侯曰:"然则子无师邪?"子方曰:"有。"曰:"子之师谁邪?"子方曰:"东郭顺子⑦。"文侯曰:"然则夫子何故未尝称之?"子方曰:"其为人也真⑧,人貌而天虚⑨,缘⑩而葆真⑪,清而容物⑫。物无道⑬,正容⑭以悟之⑮,使人之意也消。无择何足以称之?"

(《庄子·田子方》)

注释

①数:多次。②谿工:人名,魏国的贤者。③无择:即田子方,姓田,字子方,名无择。④里人:同乡。⑤称道:讲说大道。⑥数当:常常恰当,合乎道理。⑦东郭顺子:魏国的得道真人。东郭为其住地,以住地为号,"顺"为其名,"顺子"是尊称。⑧真:真诚。⑨天虚:心像天一样空虚。⑩缘:顺,随顺物性。⑪葆真:保持真性不失。⑫清而容物:心性高洁而又能容人容物。⑬物无道:人与事不合于道。⑭正容:端正自己的仪态。⑮悟之:使人自悟其过失而改之。

道理

相貌普通但为人真诚,心境宁静而能包容,这样的人确实值得称颂。

7. 礼贤下士

齐桓公,春秋时代齐国第15位国君,春秋五霸之首。他礼贤下士,求贤若渴,勤于政事,精通政治、军事、经济。

一天,齐桓公对侍卫说:"来呀!给寡人梳洗更衣。"侍卫问:"大王今天穿得这么庄重,有什么重要的人要接见吗?"桓公说:"早就听说小臣稷是个人才,我今天要亲自去拜访他。"侍卫说:"小臣稷只不过是个迂腐的读书人,还要劳顿大王亲自前去拜访,不如写一道手令,让他来就是了。"齐桓公摇摇头说:"你们不了解读书人,不讲究方式是招不来人才的。"

齐桓公带着侍卫,一天去了三次,都没见着小臣稷的面。随从当中有人很不高兴:"大王,这个小臣稷太无礼了,国君亲自拜访他,一天来了三次,竟然闭门不见,我请求大王保持威仪,还是回去吧!"齐桓公微笑着摇摇头:"这就是读书人,他们轻视有权有势的人,连国君也不放在眼里,我要想称霸诸侯,必须要得到有才能的人的帮助。'精诚所至,金石为开'。相信我的诚信会打动他的心,你们就不要闲言碎语了。"

桓公一共去了五次之后,小臣稷终于大开中门,点上檀(tán)香,穿上干净简朴的衣服,庄重地迎接齐桓公。进屋后,二人促膝长谈,大有相见恨晚之势。

从此,天下人都知道齐桓公没有架子,尊重有才能的人,许多贤士纷纷来到齐国为齐桓公效劳。

【修身养性】

原文

齐桓公时,有处士①曰小臣稷,桓公三往而弗得见。桓公曰:"吾闻布衣之士不轻②爵禄,无以易万乘之主③;万乘之主不好仁义,亦无以下④布衣之士。"于是五往乃得见。

（《韩非子·难一》）

注释

①处士:没做官的读书人。②轻:看轻。③易万乘之主:轻视大国君主。④下:降低身份,谦卑对待。

道理

招揽人才,有时需要降低自己的身份,用诚意、耐心去感召人才。

8. 成由节俭败由奢

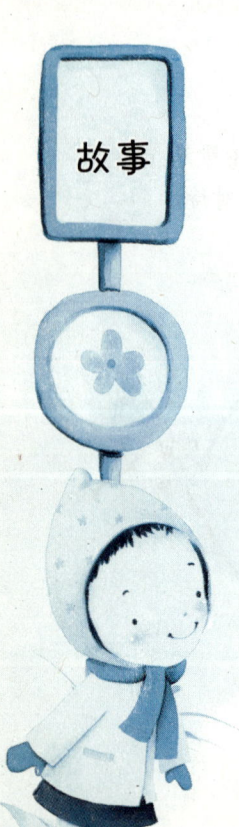

故事

管仲成为相国前,家境贫穷。他幼年丧父,跟母亲艰难度日,养成了勤俭朴素的习惯。做官后,他依然厌恶奢华,不肯搬进朝廷给他准备的官邸,多年来全家只住在几间简陋的房里。

后来,管仲的女儿出嫁,人们想他一定会好好操办一下,谁知大喜这天,管仲家仍然冷冷清清。一位大臣前来贺喜,看到一个仆人牵着两头羊走出来。这位大臣好奇地问道:"你家小姐今天出嫁,怎么一点筹办的样子都没有?"

仆人皱着眉说:"别提了,我家主人太过节俭了,小姐今天出嫁,主人昨天晚上才吩咐准备。我原以为这回主人该破费一下了,谁知主人竟叫我今天早晨到集市上去把这两头羊卖掉,用卖羊的钱再去置办东西。你说,两头羊能卖多少钱,我看平民百姓嫁女儿也比我家主人气派啊!"

这位大臣也感到莫名其妙,他走进院内,抓住管仲的手,故意说道:"先生难道缺钱少米吗?"

管仲乐呵呵地说:"粮食不足,奢侈品生产不禁止,人们必定要挨饿,而工匠们还以雕木镂金相夸耀,这就叫做'逆'。布帛不足,衣服却没有节制,人们一定要受冻,而女人们还以衣着美丽、锦绣光艳相夸耀,这也叫做'逆'。成由节俭败由奢,您难道要我做个'逆'臣吗?"

这位大臣由衷地赞叹说:"人人都说管大人是少有的清官,看来真是名不虚传啊。"

原文

菽粟(shūsù)①不足,末生②不禁,民必有饥饿之色,而工以雕文刻镂(lóu)相稚(zhì)③也,谓之逆。布帛(bó)不足,衣服无度,民必有冻寒之伤,而女以美衣锦绣綦(qí)组④相稚也,谓之逆。

（《管子·重令》）

注释

①菽粟:粮食。②末生:奢侈品生产。③稚:夸耀。④綦组:染色丝一带。

道理

提倡俭朴,杜绝奢侈,反对攀比之风,要从自己做起。